गौतम बुद्ध

जीवन और दर्शन

डॉ. सर्वेपल्लि राधाकृष्णन्

राजपाल

ब्रिटिश अकादमी (28 जून, 1938) में हेनरियट हर्ट्ज़ ट्रस्ट के अंतर्गत डॉ. राधाकृष्णन् द्वारा 'महाविचारक' शीर्षक से दिए गए भाषण का हिन्दी अनुवाद

अनुवाद

राजेश्वर गुरु

₹ 150

ISBN : 9788170282716

GAUTAM BUDDHA : JIWAN AUR DARSHAN

by Dr. S. Radhakrishnan

मुद्रक : जी.एस. ऑफसेट, दिल्ली

राजपाल एण्ड सन्ज़

1590, मदरसा रोड, कश्मीरी गेट, दिल्ली-110006

फोन : 011-23869812, 23865483, 23867791

website : www.rajpalpublishing.com

e-mail : sales@rajpalpublishing.com

www.facebook.com/rajpalandsons

1

गौतम बुद्ध पूर्व के ऐसे महाचिंतक हैं जिनका प्रभाव जाति के चिन्तन और जीवन पर किसी अन्य से कम नहीं पड़ा, और धार्मिक परम्परा के संस्थापक के रूप में ऐसे धर्मप्राण हैं जिनका आग्रह किसी अन्य से न कम विस्तृत है, न कम गम्भीर। विश्व-चिन्तन और संस्कृत मानव जाति की विरासत में उनका अपना स्थान है क्योंकि बौद्धिक प्रामाणिकता, नैतिक उत्कटता और आध्यात्मिक अन्तर्दृष्टि की कसौटी पर वे निस्सन्देह इतिहास के एक महान व्यक्तित्व के रूप में उतरते हैं।

यद्यपि बुद्ध के ऐतिहासिक व्यक्तित्व पर शंका की गई है, किन्तु आज अगर हैं तो थोड़े ही योग्य विद्वान ऐसे होंगे, जो उनकी ऐतिहासिकता पर शंका करते हैं। बुद्ध का जीवन-काल निश्चित किया जा सकता है, कम से कम उनके जीवन की स्थूल रूपरेखा अंकित की जा सकती है, और धर्म, दर्शन के मूल प्रश्नों पर उनके सिद्धान्तों को समुचित तथ्यता के साथ ग्रहण किया जा सकता है। जिन्होंने महात्मा बुद्ध को देखा-सुना था, प्रारम्भिक धर्म-नीति साहित्य के कुछ हिस्सों में उनके संस्मरण संगृहीत हैं। इस विषय में यहाँ विस्तार से प्रमाण नहीं दिए जा सकते। उस काल में लेखनकला

अधिक प्रचलित नहीं थी, इसलिए स्मरणशक्ति तब आज की अपेक्षा प्रायः अधिक सही और तीव्र थी। इसका प्रमाण यह है कि इससे भी पूर्व का ग्रन्थ ऋग्वेद, स्मृति के सहारे हमें प्राप्त हुआ है और उसके पाठों में बाद के ग्रन्थों से कम विभिन्नता मिलती है। यद्यपि उत्तरकाल में बौद्ध ग्रन्थों का काफी सम्पादन हुआ है, फिर भी संस्थापक के स्मरणीय कर्म-वचनों को पर्याप्त शुद्धता के साथ ग्रहण किया जा सकता है। गौतम के जन्म से सम्बन्धित चमत्कारों की आकर्षक अलौकिकता और अनैतिहासिक वृत्तता उनके व्यक्तित्व के प्रति उनके भक्त अधिक, मार्मिक कम अनुयायियों की प्रक्रिया का स्वरूप है। तब भी उनकी जीवन-घटनाओं, उनके कर्म-जगत् के स्वरूप और उनके मूल उपदेशों के विषय में पालि-ग्रन्थ, लंका के ऐतिहासिक वृत्त और संस्कृत ग्रन्थों के बीच आधारभूत मतैक्य है। उनकी बाल्यावस्था और तरुणाई की कहानियों में कल्पनात्मकता का रंग है, लेकिन उनके कुल-जाति-सम्बन्धी परम्परागत वर्णनों को संदिग्ध मानने का कोई कारण नहीं है।

गौतम का जन्म 562 ईसापूर्व में हुआ था। वे क्षत्रियवर्णीय, कपिलवस्तु के शाक्यकुलीन शुद्धोदन के पुत्र थे। कपिलवस्तु काशी से सौ मील उत्तर नेपाल की सीमा पर स्थित है। इस स्थान पर बाद में सम्राट् अशोक ने एक स्तम्भ स्थापित किया था, जो अब तक विद्यमान है। उनका स्वयं का नाम सिद्धार्थ है और गौतम उनका कुल-नाम। उनके जन्म के समय उपस्थित पंडितों ने कहा था कि अगर वे राज्य करना स्वीकार करेंगे, तो चक्रवर्ती होंगे; और अगर परिव्राजक संन्यासी का जीवन स्वीकारेंगे, तो बुद्ध होंगे। स्पष्ट ही कोई व्यक्ति दोनों, चक्रवर्ती और संन्यासी, नहीं हो सकता था, क्योंकि पूर्ण धार्मिकता के लिए संसार-त्याग आवश्यक भूमिका मानी

जाती थी। 'सुत्त-निपात' में कथा है कि बालक को देखने आए असित नामक महात्मा ने उसके उज्ज्वल भविष्य के विषय में भविष्यवाणी की थी और दुःख प्रकट किया था कि वह स्वयं उस दिन को देखने और नए सिद्धान्त सुनने को जीवित न रहेगा।

बालक के जन्म के सात दिन बाद उसकी माँ का देहान्त हो गया और उसका पालन-पोषण उसकी मौसी, शुद्धोदन की द्वितीय पत्नी, महाप्रजावती ने किया। उचित समय पर गौतम का ब्याह यशोधरा के साथ हुआ और उनका राहुल नामक पुत्र जन्मा। कथा है कि गौतम के पिता ने दुःखद अनुभवों से उन्हें बचाने के लिए पूरी सावधानी बरती थी और संयोग अथवा ईश्वरेच्छा ने उनके पथ में एक दुर्बल और जरा-जर्जर वृद्ध, एक रोगी, एक मृत मनुष्य और एक परिव्राजक संन्यासी को ला दिया। इन अनुभवों ने उन्हें धार्मिक जीवन द्वारा शांति और गम्भीरता प्राप्त करने की प्रेरणा दी। इससे ज्ञात होता है कि वे धार्मिक वृत्ति के थे और सांसारिक सुख-आकांक्षाएँ उन्हें तुष्ट नहीं कर सकीं। संन्यासी जीवन के आदर्श ने उन्हें आकर्षित किया और उनके प्रवचनों में परिव्राजकों के लक्ष्य, गृहत्याग कर पवित्र जीवन के उच्चतम आदर्श के विषय में हमें बहुधा सुनने को मिलता है। सांसारिकता की ओर उनका मन फेरने की उनके पिता की चेष्टाएँ असफल रहीं और उनतीस वर्ष की अवस्था में उन्होंने गृहत्याग करके संन्यासी बाना धारण किया और परिव्राजक सत्यशोधी का जीवन प्रारम्भ किया। यह महान त्याग था। धर्म के लिए भारतीय मन की लगन और लक्ष्यप्राप्ति के लिए आपत्तियाँ और कष्ट सहने का उनका आग्रह सांसारिकता के इस युग में हम लोग समझ नहीं सकेंगे। शोध के प्रसंग में गौतम 'आलार-कालाम' और उद्दक 'रामपुत्त' नामक दो संन्यासियों के

शिष्य हुए, जिन्होंने धर्म और विनय-सम्बन्धी अपने सिद्धान्तों में उन्हें शिक्षित किया। यद्यपि इस शिक्षा की सामग्री उन्हें अग्राह्य जान पड़ी, तब भी उन्होंने श्रद्धाचरण और ध्यानमग्नता जैसे गुण सम्भवतः इन संन्यासियों से ही प्राप्त किए। इन तार्किकों की अन्तहीन तर्कधारा में उन्हें सांसारिक दुःखों से निवृत्ति नहीं मिली। तप द्वारा बोध-प्राप्ति का निश्चय करके वे अपने पाँच शिष्यों के साथ उरुवेला चले गए। उरुवेला सुखद स्थल और सुन्दर वन था, जो इंद्रियों के लिए शान्तिदायक और मन के लिए पुष्टिकर था। भारतवर्ष में यह सामान्य धारणा है कि सुन्दर स्थलों में, जहाँ शान्ति और प्रेरणा मिलती है, पूत जीवन-निर्वाह शान्तिदायक, सहज सम्भव है। भारत के मन्दिर और मठ या तो नदी-तटों पर हैं, या पर्वत-शिखरों पर, और उसने धार्मिकता पर जोर देते समय धर्माभ्यास में निसर्ग और जलवायु का महत्त्व कभी विस्मृत नहीं किया।

इस सुन्दर स्थल में गौतम ने अपने-आपको उग्र तपस्या में रत कर दिया। उन्होंने सोचा कि जिस प्रकार घर्षण से गीली लकड़ी में आग पैदा होना सम्भव नहीं है, किन्तु सूखी लकड़ी में यह सम्भव है, उसी प्रकार वासना-विकारहीनता के बिना प्रकाश-प्राप्ति सम्भव नहीं है। तदनुसार उन्होंने उग्र उपवास का क्रम और ध्यानमग्नता का अभ्यास प्रारम्भ किया और अपने को 'भयंकर उत्पीड़न' दिया। शरीर की दुर्बलता ने मन में आलस्य पैदा कर दिया। इस अवधि में कई बार वे मृत्यु के द्वार तक पहुँच गए, किन्तु जीवन-समस्या का कहीं कोई हल उन्हें नहीं मिला। उन्हें निश्चय हो गया कि तप-उपवास द्वारा बोध सम्भव नहीं है, और वे अन्य मार्ग खोजने में सचेष्ट हुए। उन्हें अपने तारुण्य में हुए रहस्यात्मक चिन्तन का अनुभव हो आया और वे उसी मार्ग के अवलम्बन में लगे।

कथा है कि संक्रान्तिकाल में बुद्ध कामदेव द्वारा आक्रान्त हुए, उसने भय-लोभ के हर उपाय द्वारा उन्हें अपने पथ से डिगाने की चेष्टा की, जो व्यर्थ रही। इससे जान पड़ता है कि उनकी अन्तरात्मा शान्त और अखण्ड नहीं थी और मानसिक उद्वेग के बाद ही वे पुरातन विश्वासों से मुक्त होकर नव-पथोन्मुख हो पाए। वे ध्यानमग्नता में रत रहे और ध्यान की चार स्थितियाँ पार करके उन्होंने उसकी चरम सीमा, आत्म-नियन्त्रण और स्थिरता प्राप्त की। उन्होंने समस्त विश्व को एक नियमित व्यवस्था के रूप में देखा, जहाँ सचेष्ट प्राणी सुखी और दुखी होते हैं और उच्च और निम्न अस्तित्व में एक रूप से निकलकर अन्य रूप ग्रहण करते हैं। रात्रि के अन्तिम प्रहर में उनका अज्ञान नष्ट हो गया, ज्ञान उदित हुआ। 'मैं उत्सुक, सचेष्ट और दृढ़-निश्चय बैठा रहा।' गौतम को बोधि प्राप्त हुई, और वे बुद्ध हो गए।

शास्त्रों में कथा है कि जिस समय बुद्ध यह स्थिर नहीं कर पा रहे थे कि अपने उपदेशों के प्रचार में प्रयत्नशील हों या नहीं, ब्रह्मदेव ने उनसे सत्य प्रचार के लिए आग्रह किया। इसका अर्थ सम्भवतः यही है कि जब बुद्ध अपने मन में अपने कर्तव्य के विषय में निश्चय नहीं कर पा रहे थे, तब उनकी अन्तरात्मा ने उन्हें जीवन से विरक्त होने के विरुद्ध चेतावनी दी। वे निर्णय करते हैं कि अमरता के द्वार उन्मुक्त हैं—जो ज्ञानेच्छु हैं उन्हें श्रद्धालु होना चाहिए—और अपने कर्तव्य-पथ पर अग्रसर होते हैं। उन्होंने मात्र उपदेश नहीं दिया; यह तो सरल काम था। उन्होंने स्वयं जो उपदेश दिया, उसी के अनुरूप जीवन स्वीकार किया। उन्होंने स्वयं 'भिक्षु' का बाना पहना। यह जीवन दारिद्र्य, अप्रियता और विरोध से पूर्ण था। उन्होंने सर्वप्रथम उन पाँच शिष्यों को नव ज्ञान दिया, जो तप की अवधि

में उनके सहगामी थे; और सर्वप्रथम प्रवचन वर्तमान सारनाथ के मृगदाव में दिया, जहाँ संन्यासियों को आवास की अनुमति थी और जीव-हत्या का निषेध था। उनके शिष्यों की बाढ़-सी आ गई। तीन महीने के भीतर उनके तीस शिष्य हो गए। आनन्द इन तीस में से एक था, जो समस्त भ्रमणों में उनके साथ रहा। एक दिन उन्होंने अपने शिष्यों से कहा : अब तुम जाकर मानव-हिताय बहुजन कल्याणाय भ्रमण करो, संसार के प्रति करुणार्द्र रहो और देवों तथा मानवों के मंगल में प्रयत्नशील रहो, भिन्न-भिन्न दिशाओं में जाकर उस धर्म का प्रचार करो जिसका आदि, मध्य, अवसान तथा वाच्यार्थ और लक्ष्यार्थ भव्य है, और अभावहीन, निर्दोष और शुद्ध जीवन-व्यवस्था का उद्घोष करो।

बुद्ध ने स्वयं पैंतालीस वर्ष तक स्थान-स्थानांतरों का भ्रमण किया और अनेक अनुयायी एकत्रित किए। ब्राह्मण और साधु, तपस्वी और यती, परित्यक्त और अनुतप्त, और कुलीन स्त्रियाँ इस समाज में सम्मिलित हुए। बुद्ध के कर्तव्य का अधिकांश अपने शिष्यों को शिक्षा और अपने संघ की व्यवस्था में लगा। आज के युग में वे एक बुद्धिवादी के रूप में मान्य होते। जब हम उनके प्रवचन पढ़ते हैं तो उनकी तार्किकता से प्रभावित होते हैं। उनके नैतिक पथ का प्रथम चरण सद्विचार और बौद्धिक दृष्टिकोण था। वे मानव जाति के आत्म-दर्शन और भाग्य-विधान में बाधक भ्रमजाल को दूर करने में सचेष्ट हैं। ज्ञानवान जान पड़ने वाले, किन्तु यथार्थ में अज्ञानी, अपने शिष्यों से वे प्रश्न करते हैं, और उनके संदिग्ध धर्म-वचनों का अर्थ स्पष्ट करते हैं। उस युग में ऐसे अनेक व्यक्ति थे, जो ईश्वर के प्रत्यक्ष ज्ञान का दावा करते थे, और न केवल उसके अस्तित्व-अनस्तित्व पर आश्वासन देते थे, किन्तु यह भी

बताते थे कि यह क्या सोचता, विचारता और करता है। बुद्ध इनमें से अनेकों को आध्यात्मिक ढोंग का अपराधी ठहराते हैं। अपने 'तेविज्जसुत्त' में वे घोषित करते हैं कि जो धर्मोपदेशक ब्रह्म के बारे में चर्चा करते हैं, उन्होंने ब्रह्म का कभी प्रत्यक्ष दर्शन नहीं किया। वे उस व्यक्ति के समान हैं जो प्रेम तो करता है, किन्तु यह नहीं जानता कि किससे करता है, या जो प्रासाद की स्थिति से अपरिचित उसके लिए सोपान निर्मित करता है, या जो नदी पार करने का इच्छुक है और नदी के उस पार को अपने पास बुलाना चाहता है। हम लोगों में अनेकों की चेतना और वृत्ति धार्मिक है, किन्तु चेतना के लक्ष्य के विषय में हमें स्पष्ट बोध नहीं है। सार्थक होने के लिए भक्ति का आधार सत्य होना चाहिए। बुद्ध ब्रह्म-विहार अथवा ब्रह्म में निवास का महत्त्व स्पष्ट करते हुए कहते हैं कि यह एक प्रकार की ध्यानरत मनःस्थिति है, जहाँ सर्वप्रेम ईर्ष्या-द्वेष से मुक्त रहता है, जो निश्चय ही निर्वाण नहीं है और जिसका साधन अष्टविध मार्ग है।

मत-मतान्तर-वैभिन्न्य के कारण उन्होंने अपने शिष्यों को उपदेश दिया कि अपने सामने उपस्थित समस्त कार्यक्रम को तर्क और जीवन की कसौटी पर कसो, न कि उसके मूल कर्ताओं के प्रति सम्मान प्रकट करने के लिए उसे स्वीकार करो। वे कहते हैं, कही-सुनी को स्वीकार मत करो, परम्परा को स्वीकार मत करो, अधीरता में यह न मान लो कि यह ऐसा ही है, किसी कथन को इसलिए सत्य न मानो, कि वह ग्रन्थों में मिलता है, न इसलिए कि वह लोकमान्य है, न इसलिए कि वह गुरु का वाक्य है। संवेदनकारी सहृदयता से वे अपने शिष्यों से विनती करते हैं कि वे उनके नाम की मान्यता के कारण अपने विचारों में बाधा न डालें।

सारिपुत्र कहते हैं—हे प्रभु ! मेरा विश्वास है कि आपसे बुद्धिमान महात्मा न हुआ है, न है, न होगा।

उत्तर है—निस्सन्देह सारिपुत्र, तो तुमने इसके पूर्व के समस्त बुद्धों को जान लिया होगा।

'नहीं, स्वामी !'

'तब क्या भविष्य के बुद्धों को जानते हो ?'

'नहीं, महाराज।'

'तब कम से कम मुझे जानते हो और मेरे मन को सम्पूर्णतया परख चुके हो ?'

'वह भी नहीं ! स्वामी।'

'तब सारिपुत्र, तुम्हारा कथन इतना पुष्पित और साहसपूर्ण क्यों है ?'

उनके उपदेशों में कोई बात गुप्त और गूढ़ नहीं है। बुद्ध को उन लोगों के प्रति तिरस्कार का भाव है जो गुप्त ज्ञान का दावा करते हैं। 'हे शिष्यो, तीन व्यक्ति ऐसे हैं, गोपनीयता जिनका क्षेत्र है।'

'वे कौन हैं ?'

'स्त्रियाँ, पुजारियों का ज्ञान और असत्य-सिद्धान्तपूर्ण बुद्ध के मत। सत्य नियम समस्त संसार के सामने चमकते हैं, गोपनीय नहीं रहते।'

मृत्यु के तनिक पूर्व अपने शिष्य आनन्द से बुद्ध कहते हैं : 'मैंने सत्य का प्रचार गुह्य सत्य और प्रकट सत्य का भेद किए बिना किया है, क्योंकि सत्य के सम्बन्ध में, आनन्द, तथागत के पास ऐसा कुछ नहीं है, जैसा कोई धर्मगुरु बंधी मुट्ठी में अपने-आप तक सीमित रक्खे।' अनेक संलापों में उन्हें अपने प्रश्नकर्ताओं के साथ

सुकरात के समान तर्क करते हुए प्रदर्शित किया गया है, जहाँ वे प्रश्नकर्ताओं को अनजाने में प्रारम्भिक सिद्धान्त से भिन्न सिद्धान्त की मान्यता स्वीकार करने की स्थिति में ला देते हैं।

उन्होंने अपने अनुयायियों को आध्यात्मिक स्वतन्त्रता से कभी वंचित नहीं किया। उन्हें प्रमाण स्वीकार करके सत्य की खोज त्याग नहीं देनी चाहिए। उन्हें स्वतन्त्र व्यक्ति होकर दूसरों के लिए पथ-प्रदर्शक और सहायक बनना चाहिए। वे कहते हैं : 'उन जैसे बनो, जिनकी आत्मा प्रकाशित है; उन जैसे बनो, जिनकी आत्मा आश्रय-स्थल है; जैसे किसी आधार का आसरा लेते हो, वैसे सत्य का दृढ़ आधार लो।' सबसे बड़ी प्रामाणिकता अपने भीतर की आत्मा की आवाज है। बुद्ध के उपदेशों में हठवादिता नहीं है। विशाल दृष्टिकोण के साथ, जो उस युग में दुष्टप्राप्य और आज के युग में असाधारण है, उन्होंने विवाद का गला रोंधने से इन्कार कर दिया। असहिष्णुता उन्हें धर्म का सबसे बड़ा शत्रु जान पड़ी।

एक बार 'अम्बलाथिक' के जनगृह में पहुँचकर उन्होंने देखा कि उनके कुछ शिष्य किसी ऐसे ब्राह्मण के बारे में चर्चा कर रहे हैं जिसने अभी-अभी गौतम पर अधार्मिकता का अपराध लगाया था और उनके द्वारा स्थापित संघ को दोषी ठहराया था। गौतम ने कहा, 'बंधुओ, अगर कोई मेरे विरुद्ध, धर्म के विरुद्ध, संघ के विरुद्ध कहता है, तो तुम्हें उससे रुष्ट, असन्तुष्ट और अप्रसन्न नहीं होना चाहिए। अगर तुम ऐसा करोगे, तो न केवल अपनी आध्यात्मिक दृष्टि की हानि करोगे, किन्तु उनके कहे की सत्यता-असत्यता का निर्णय भी नहीं कर सकोगे।' 2500 से अधिक वर्ष के प्रकाश के बाद यह कथन कितना उदात्त लगता है ! सिद्धान्त इसलिए अधिक या कम सत्य नहीं होते कि वह पूर्वाग्रहों का समर्थन

या विरोध करते हैं। ऐसा कोई विचित्र कथन, कोई विरोधी मत नहीं था, जिस पर विचार करने की इच्छा बुद्ध ने न की हो, अथवा विचार करते उन्हें भय हुआ हो। उनका विश्वास था कि बुद्धिपूर्वक मत-शुद्धि की नींव पर जीवन के नव निर्माण से युग के भ्रम और उच्छृंखलता क्रमशः निराकरित होंगे। उन्होंने अन्य पंथों की अनुचित आलोचना का तीव्र विरोध किया। उन्होंने कहा कि 'यह मुख ऊपर करके आसमान की ओर थूकने जैसा है। थूक आसमान को कलंकित नहीं करता, किन्तु लौटकर थूकने वाले को गन्दा कर देता है।'

कभी ऐसा अवसर नहीं आया कि बुद्ध रोष से लाल हो गए हों, कभी उनके मुख से कठोर वचन नहीं निकला। मानव जाति के लिए उनके हृदय में असीम सहिष्णुता थी। उन्होंने संसार को दुष्ट नहीं, अज्ञानी समझा; विद्रोही नहीं, असन्तुष्ट माना। उन्होंने शान्ति और विश्वास के साथ विरोधियों का सामना किया। उन्हें कभी खीझ नहीं हुई, वे कभी रुष्ट नहीं हुए। उनका आचरण किंचित् व्यंग्यमिश्रित सद्भावना, विनय की अखंड अभिव्यक्ति था।

अपने एक परिभ्रमण में एक गृहस्थ ने उन्हें कटुवचन कहकर हटा दिया। उन्होंने कहा : 'भाई, अगर कोई गृहस्थ भिक्षुक के सामने भोजन रखे, और भिक्षुक उसे स्वीकार करने से इन्कार कर दे, तो वह भोजन किसका होगा ?'

'अवश्य ही दाता गृहस्थ का।'

बुद्ध ने कहा : 'तब अगर मैं तुम्हारे कटुवचन और दुर्व्यवहार को स्वीकार न करूँ, तो उसके स्वामी तुम्हीं होगे न ? किन्तु मैं दरिद्रतर होकर लौट रहा हूँ, क्योंकि मेरा एक बन्धु खो गया।'

दबाव डालकर मत-परिवर्तन कराना वे न जानते थे। विश्वास नहीं, अभ्यास उनकी पद्धति का आधार था। वे आचरण और

अभ्यास जाग्रत् करना चाहते थे। हमें अपने को सुखी बनाने के लिए नया हृदय और नई आँखें चाहिए। अगर हम दुर्भावना का दमन करें और सद्भावना को पोषित करें, तो दुखी मन सुखी हो सकता है। बुद्ध ने धर्म-परिवर्तन का आग्रह नहीं दिखाया। वे ब्राह्मण की वेदी पर बैठ गए हैं, और बिना उसकी आराधना को तुच्छ बताए उन्होंने उसके मत पर अपने प्रवचन दिए हैं। जब सिंह-जैन बुद्ध-धर्मी हो जाए, तो उसे अपने घर आने वाले जैन श्रावक को पहले के समान भोजन और उपहार देना होता है। वे असाधारण सौम्यता से अपना मत-प्रकाशन करते हैं और शेष को सत्य की आग्रह-सामर्थ्य के लिए छोड़ देते हैं।

नैतिक विनय के इस महान वीर को बहुधा मठ-अनुशासन के छोटे-मोटे विषयों का निर्णय करना होता था। संस्था-स्थापना का अर्थ होता है संसार के साथ समझौता और सामाजिक जरूरतों के प्रति उदारता। यह उन लोगों को छाया देने की व्यवस्था है जो समाज के साधारण जीवन में सम्पूर्ण शान्ति नहीं पा सकते। संघ में अनेक आन्तरिक कठिनाइयाँ थीं। गौतम का बन्धु देवदत्त उन्हें गिराकर स्वयं संघ का प्रमुख होना चाहता था। उसने षड्यन्त्र रचा किन्तु क्षमा-दान पाया। एक बार बुद्ध को अतिसार-ग्रसित एक भिक्षु मल-मूत्र में पड़ा मिला। आनन्द की सहायता से उन्होंने उसे धोया-पोंछा, उसका बिस्तर किया और अपने शिष्यों से कहा : 'हे भिक्षुगण, जो मेरी सुश्रूषा कर सकता है, उसे इस बीमार की सुश्रूषा करनी चाहिए।' बुद्ध संघ में कोई जाति-भेद नहीं था। 'हे भिक्षुगण, जिस प्रकार गंगा, यमुना, अचिरा, सरयू और माही जैसी महानदियाँ सागर में पहुँचकर अपना पूर्व नाम-गोत्र खो देती हैं और सागर के नाम से ही प्रसिद्ध होती हैं, वैसे ही क्षत्रिय, ब्राह्मण, शूद्र, वैश्य

नामक चतुर्वर्ण जब तथागत द्वारा दिए धर्म-नियम स्वीकार करके गृहस्थ से परिव्राजक हो जाते हैं, तो अपने पूर्व नाम-गोत्र खोकर वे भिक्षु कहलाते हैं।'

उनके युग में भारतवर्ष में स्त्री-स्वातन्त्र्य था और उन्होंने घोषित किया था कि स्त्रियाँ वैराग्य और धर्ममय जीवन-निर्वाह कर सकती हैं। जीवन के अन्तिम वर्ष में उन्होंने अम्बपाली वेश्या के साथ भोजन किया। लेकिन संघ में स्त्रियों के प्रवेश में उन्हें हिचकिचाहट थी।

'भगवन्, स्त्रियों के प्रति हमारा आचरण कैसा हो ?'

'उनके दर्शन मत करो, आनन्द ! दीख जाएँ, तो उनसे सम्भाषण न करो। यदि वे बोलने लगें, तो अपने को सचेत रखो।' आनन्द स्त्री-स्वातन्त्र्य का अनुयायी ठहरा ! उसने संघ में स्त्रियों के प्रवेश का बड़ा समर्थन किया और गुरु की अनुमति प्राप्त कर ली। यह मार्ग योग्य तो था, किन्तु सर्वथा उपयुक्त नहीं।

'आनन्द, अगर संघ में स्त्रियों का प्रवेश निषिद्ध होता, तो सद्धर्म सहस्र वर्षों तक प्रचलित रहता। किन्तु स्त्रियों को अनुमति मिल जाने के बाद अब सद्धर्म मात्र पाँच सौ वर्षों तक चलेगा।' संघ में प्रविष्ट होने के लिए स्त्री को अपने सम्बन्धियों की स्वीकृति चाहिए, जबकि पुरुष, कम से कम सिद्धान्त रूप में, अपने मन का स्वामी है। किन्तु संघ के नियम अन्तिम नहीं हैं। बुद्ध कहते हैं : 'मेरे चले जाने के बाद संघ, यदि चाहे तो, छोटे-मोटे नेम-नियमों को समाप्त कर दे।'

उनकी मृत्यु की कथा असीम करुणा और सादगी के साथ 'महापरिनिब्बान' में कही गई है। उनकी अवस्था अस्सी वर्ष की थी। वे श्रम और यात्रा से जर्जर हो चुके थे। बनारस से 120 मील

ईशान में कुशीनगर नामक एक छोटे नगर के निकट एक छोटे-से गाँव में 483 ईसापूर्व उनका अवसान हो गया। सुकरात और ईसा जैसी हुतात्माओं के विपरीत उनका अन्त शान्तिपूर्ण था। इन तीनों ही ने भिन्न-भिन्न मात्रा में अपने समय की रूढ़ियों का उन्मूलन किया। वस्तुतः बुद्ध वैदिक रूढ़िवाद और धर्माडम्बर के जितने अधिक प्रत्यक्ष विरोधी थे, उतने न तो सुकरात ऐथेन्स के राज्य-धर्म के थे, न ईसा यहूदी धर्म के। फिर भी वे अस्सी वर्ष तक जीवित रहे, उनके शिष्यों की संख्या बड़ी रही, और अपने जीवन-काल में उन्होंने धर्म-व्यवस्था की स्थापना की। शायद भारतवर्ष की मनोवृत्ति रूढ़िवाद के विरोध की इस भिन्न रीति के लिए उत्तरदायी है।

2

बुद्ध के प्रवचन का पाठ हमें प्राप्त है। यह संशय करने का कोई कारण नहीं है कि इसमें बुद्ध के शब्द और विचारों का समावेश नहीं है। इसका उपदेश सहज है। यह व्यक्त करके कि धार्मिक जीवन-निर्वाह करने वालों को आत्म-लिप्ति और आत्म-निरोध की अति स्थितियों का त्याग करके मध्यपथ का अनुसरण करना चाहिए, वे दुःख, दुःख का कारण, दुःख से मुक्ति, और उसकी प्राप्ति का पथ, इन चार सत्यों की व्याख्या करते हैं।

1. जन्म का अर्थ दुःख है; जरा का अर्थ दुःख है; रोग का अर्थ दुःख है; मृत्यु का अर्थ दुःख है...अप्रिय वस्तुओं का संसर्ग और प्रिय वस्तुओं का वियोग भी दुःख है। इच्छित वस्तु की प्राप्ति

न होना, यह भी दुःख है। जन्म-मरण राग-द्वेष विश्वव्यापी सत्य हैं। वे जीवन में बेमेलपन के द्योतक हैं, असंबद्धता की स्थिति-स्वरूप हैं। मानव के दुःख और उसके आध्यात्मिक रोग का मूल कारण संघर्ष है। यह क्षणिक और अशाश्वत जीवन-स्थिति का व्याप्त स्वरूप है। इससे छुटकारा मिल सकता है और मिलना चाहिए।

2. प्रत्येक वस्तु का कारण है और वह परिणाम को जन्म देती है। वह सरल तत्त्व समस्त सृष्टि, देव और मानव, नभ और धारा का नियमन करता है। यह तत्त्व विकास-विनाश के अनन्त क्रम और दिव्य विश्व-व्यवस्था वाले असीम शून्य में इस विशाल संसृति का नियमन हो नहीं सकता, किन्तु मानव-जीवन के कार्यों, घटनाओं और इतिहास का भी नियमन करता है। अगर हम दुःख के कारण को जानकर उसे दूर कर सकें, तो दुःख न रहेगा। दुःख का कारण है तृष्णा—अस्तित्व की आकांक्षा। इस सत्य को कार्य-कारण शृंखला की बारह कड़ियों में विस्तारित किया गया है। अज्ञान और तृष्णा एक ही घटना के तात्त्विक और व्यवहारिक रूप हैं। अज्ञान से जीवन में विक्षेप पड़ता है, उसकी सर्वांगीण व्यवस्था भंग होती है। अज्ञान अतिरेकी व्यक्तिवाद, आत्मलिप्ति और विश्व-माधुर्य से विद्रोह के रूप में प्रकट होता है : उससे तृष्णा और वासना जन्म लेती हैं, जो आत्मा को उत्पीड़ित करके ऐसा जकड़ लेती हैं, जिनसे उसे छुटकारा नहीं। अज्ञान का नाश अन्तर्ज्ञान से होता है, वासना का नाश नैतिक सचेष्टता से होता है।

पूर्वनिर्मित धाराओं से मुक्ति एक सापेक्ष्य स्थिति है। स्वयं बुद्ध भी इसमें सम्पूर्णता का दावा नहीं कर सकते। वे पुनर्जन्म और कर्म को स्वयंसिद्ध मानते हैं। मनुष्य जैसा करेगा, वैसा होगा। हम स्वयं, अच्छा या बुरा, अपना नैतिक संसार सतत बना रहे हैं। प्रत्येक

विचार, संवेदना और संकल्प हमारे व्यक्तिगत विकास में योग देते हैं। मानव जाति अपने-आपको सतत ढाल रही है। सुदूर और अदृश्य अतीत के वचन-कर्म ने यथार्थतः आज के जीवन का निर्माण किया है। अनन्त नैतिकता के अन्तर में बुद्ध जीवन का अस्तित्व देखते हैं। हम अपने कर्म के परिणाम से कभी छुटकारा नहीं पा सकते। हर प्रकार का दुःख, रोग और हानि, असफलता और निराशा, प्रेम, वेदना, मनोरथ की विफलता, सबका नैतिक महत्त्व है और सब नैतिक कार्य-कारण भाव से सिद्ध हैं। बुद्ध का दृढ़ विश्वास है कि स्वार्थ का दण्ड मिलता है और निःस्वार्थ जीवन के लिए आन्तरिक शान्ति का पारितोषिक मिलता है। अपने कर्मों का परिणाम भोगना ही पड़ता है। वे कहते हैं, 'कर्म ही मेरी सम्पत्ति है, मेरा उत्तराधिकार है; अपने कर्म के साँचे में मैं ढला हूँ। मेरे कर्म मेरी जाति हैं, मेरा आश्रय हैं।'

इस नियम का स्वरूप पोषक है। यह अनन्त नरक का भयंकर दृश्य हमारे सामने से दूर कर देता है। नरक अन्तहीन नहीं है। स्वर्ग और नरक सीमित और अशाश्वत हैं। कितने ही तीव्र और दीर्घ वे हों, उनका अन्त है ! और कैसे तथा कब अन्त होगा, यह हम पर निर्भर है। हर नीच प्रवृत्ति का संस्कार, हर क्षुद्र हेतु पर अधिकार, हर दीन दुर्बलता पर विजय, इस प्रयत्न में अर्थपूर्ण हैं। हमें यह नहीं सोचना चाहिए कि दारिद्र्य और कष्ट हमारी चिन्ता के विषय नहीं हैं, क्योंकि मनुष्य जिस योग्य है वही प्राप्त करता है, और यह उसकी करनी का फल होता है। अगर कोई ऐसा सोचता है और किसी की प्रकृति सप्राण संसृति के उच्च बन्धुत्व के प्रति अपारदर्शी हो गई है, तो यह नियम उसके प्रति कठोर हो जाएगा, क्योंकि उसने दया-क्षमा के इस नियम का कर्ता बनने से इन्कार

कर दिया है। इस नियम का संचालन किसी अधिष्ठाता देवता के कारण नहीं है। ईश्वरीय अन्याय और निरंकुशता का यहाँ कोई स्थान नहीं है।

व्यक्ति रूप, वेदना, संज्ञा, संस्कार और विज्ञान की समष्टि है। रूप का अर्थ है भावना। संज्ञा का अर्थ है अनुभूति–दृष्टिगत, श्रुतिगत, वासगत, स्वादगत और स्पर्शगत, जिनके द्वारा व्यक्ति बाह्य जगत् के साथ सम्बन्ध स्थापित करता है। संस्कार का अर्थ है वृत्ति, सामर्थ्य–जो पूर्वजन्म के सत् अथवा असत् उत्तराधिकार के रूप में प्राप्त होती है, और जो नवीन जीवन के समय स्वभाव का रूप धारण करती है। इन सबको संगठित करने वाले विज्ञान, इन्द्रियगत कल्पना से लेकर इन्द्रियातीत ध्यान-पर्यन्त समस्त मानसिक क्रिया-कलापों का समूह है। व्यक्ति का अन्तर्जीवन विज्ञान, वासना, राग-द्वेष की अखंड परम्परा है, और मृत्यु के समय जब शरीर-बंधन झर जाता है, तो अदृश्य शक्तियाँ एक नये व्यक्ति का आसरा लेती हैं, जो भौतिक रूप में नहीं, तो मनोवैज्ञानिक रूप में मृतात्मा की परम्परा ग्रहण करता है और पूर्व-पुरुष के आचरण द्वारा निर्मित संसार को सुख या दुःख रूप में भोगता है। देहधारी पुरुष को संगठित करने वाली इकाइयाँ परिवर्तनशील हैं। लेकिन वे सम्पूर्ण नाश को तब तक प्राप्त नहीं होतीं जब तक उन्हें संगठित करने वाली और पुनर्जन्म के लिए प्रेरित करने वाली शक्ति के स्वतन्त्र अस्तित्व की तृष्णा, वासना बुझ नहीं जाती।

अगर आत्मा शाश्वत नहीं है, तो अनात्म्य द्वारा किए गए कर्मों का प्रभाव किस प्रकार पड़ता है ? बुद्ध उत्तर देते हैं : 'जो वासना का दास है, वह मन के स्वामी के परे जाने का कैसे सोचे ?' प्रारम्भिक प्रवचनों में इस कठिनाई का कोई उत्तर नहीं दिया है, केवल मानसिक

अखण्डता की बात कही है। जो आत्मा की प्रकृति समझता है और जीवन-परम्परा में विश्वास रखता है, वह किसी एक जीवन को बड़े महत्त्व का नहीं समझता, भले ही भविष्य पर उनका प्रभाव महान हो।

3. अज्ञान के नाश के लिए कठोर नैतिकता आवश्यक है। शील और प्रज्ञा, सदाचार और अन्तर्दृष्टि में अटूट ऐक्य है। बुद्ध नेम और आचार, रूढ़ि, विधि-विधान की चर्चा नहीं करते। सुखी होने का मार्ग सद्वृत्ति और सद्ज्ञान है, जो सत्कर्म के रूप में अभिव्यक्ति पाते हैं। विचार और आचार की निर्मलता उनके धर्म का आधार है। जीवन की पूर्णता के लिए अधिष्ठाता देव अथवा किसी बाह्य शक्ति की आवश्यकता नहीं है। अच्छा या बुरा, जो भी हो सकता है, उसकी अपनी ताकत के भीतर है। हम उन्हें बहुधा यह कहते सुनते हैं, 'शिष्यो, आओ, दुःख से निवृत्ति के लिए पवित्र जीवन-निर्वाह करो।'

उनका अष्टविध मार्ग पूर्णता का सोपान है। पहली सीढ़ी है सम्यक् दृष्टि, चार सत्यों का ज्ञान। यह उपनिषदों का 'ज्ञान' अथवा आस्तिकों का 'विश्वास' नहीं है। लेकिन यदि इन सत्यों का ज्ञान-मात्र बुद्धिगत है, तो सत्य निष्प्राण है। इन्हें समझकर प्रत्येक व्यक्ति को इन्हें अपने अस्तित्व के अन्तरतम में प्रकट करना चाहिए। पहली सीढ़ी जागृति है—उस पथ का त्याग करना जिस पथ से हम सत्य और ध्येयच्युत हो जाएँ। यह मात्र मत-परिवर्तन नहीं है, अपितु प्रकृति का ऐसा आमूल परिवर्तन है, जो आत्मा की गम्भीरता पर प्रभाव डालता है और वैराग्य, भक्ति और दया के मार्ग की दूसरी सीढ़ी सदिच्छा को जाग्रत करता है।

दूसरी सीढ़ी है—सुख-भोग के त्याग का निश्चय, द्वेषहीनता।

सम्यक् वचन का अर्थ हुआ असत्य, निन्दा, गाली और कठोर वचनों का व्यवहार न करना। सम्यक् आचार का अर्थ हुआ—जीवन स्वीकार करने से इन्कार करना; जो अपने भोग के लिए नहीं है उसे न भोगना, अमर्यादित शरीर-भोग न करना। सम्यक् जीवन का अर्थ हुआ—जीवन-वृत्ति के निषिद्ध प्रकारों, जैसे शस्त्र-विक्रेता, दास-विक्रेता, कसाई, वेश्यागृह का स्वामी अथवा विष-विक्रेता को स्वीकार न करना। बुद्ध ने भिक्षुओं को सिपाही बनने का भी निषेध किया है।

बुद्ध का अष्टविध मार्ग मात्र नीति-नियमों का समूह नहीं है, यह जीवन-मार्ग ही है। सम्यक् प्रयत्न का अर्थ है—दुष्ट प्रवृत्तियों का दमन, जाग्रत दुष्ट प्रवृत्तियों का नाश, सद्वृत्तियों का पोषण और उनकी उत्तरोत्तर पूर्णता। यह मनोविकास का प्रारम्भ है। आत्मपृथक्करण मानव-मन के संस्कार करने का प्रभावी तरीका है। इसके द्वारा असत् लालसा और तृष्णा का मलोच्छेदन और गूढ़ मानसिक और शारीरिक यन्त्र-प्रणाली के साथ चेतना का सन्तुलन सम्भव है। हमें प्रेम का प्रतिदान न मिले, या हममें कोई शारीरिक दोष न हो, तो मनुष्य दूसरों के प्रति ही नहीं, अपने प्रति भी वंचना करता है। शुद्ध और निःस्वार्थ भाव से ही हम सदैव मत-विचार स्वीकार नहीं करते, अपितु किसी प्रकार की खोज अथवा मनोरथ की विफलतावश भी हमारा अहंकार आहत हो जाए, तो हममें प्रतिहिंसा और अत्याचार की भावना पैदा हो जाती है। मनुष्य की यह विशेषता है कि वह बहुधा आत्मवंचना करता है। बहुत काल तक हम मशीनवत् रहते हैं। हमारी भावना, हमारे विचार अभ्यासजन्य होते हैं। आत्मविश्लेषण के द्वारा हम यह यांत्रिकता नष्ट करने की चेष्टा करते हैं। रूढ़ियों से मन को मुक्त करते हैं

और आत्मा का सच्चा स्वरूप प्राप्त करते हैं। आत्म-विकास के लिए वासना जितनी हानिकारक है, उतना ही आलस्य और कर्मशून्यता भी। सम्यक् अवधानता का अर्थ हुआ—शरीर और मन के प्रति वह दृष्टि कि लोलुपता और खिन्नता का दमन करके अविचल और स्थिर वृत्ति तक जा सके। आत्मज्ञान द्वारा प्राप्त इस आत्म-नियन्त्रण के होते ही क्रिया न तो यान्त्रिक हो पाती है, न अवधानहीन। शाश्वत के प्रकाश में वस्तु-दर्शन का यह साधन है।

सम्यक् चिन्तन चतुर्विध है। यह एक विचित्र धारणा हो गई है कि बुद्धि सम्यक् जीवन का तरीका कर्म-शून्यता, स्वल्प इच्छा और निष्क्रियता बताते हैं। परम सत्य की प्राप्ति का निश्चय प्राप्ति की दिशा में प्रयत्न, सद्वृत्ति से जीवन-यापन, चरम लक्ष्य में हीन लक्ष्यों के लालच के बीच अपने आदर्श की तीव्रता अमन्द रखना—यह सब इसीलिए सम्भव है कि मन की इच्छा-शक्ति दिव्य पराक्रम और पुरुषार्थ-सम्पादन करने में समर्थ है। ध्यान का अर्थ है मन की एकाग्रता, इच्छा की सचेष्टता। यह दिवा या निष्क्रिय स्वप्न नहीं है, अपितु तीव्र चेष्टा है—मन की ऐसी एकाग्रता, जिसमें इच्छा और विकास एक हो जाते हैं। बुद्ध के उपदेश के अनुसार अन्ततः प्रत्येक मनुष्य को अपनी मुक्ति खोजनी पड़ेगी, और इस महत्कार्य के लिए न केवल अपनी अपितु समस्त विश्व की इच्छा-शक्ति आवश्यक है। यह सामान्य धारणा कि आध्यात्मिक अनुभूति प्रदान की जाती है, प्राप्त नहीं होती, गलत है। इतने ही अर्थ में यह सही है कि कोई भी महान् अनुभूति एक प्रकार से प्रदत्त रहती है। योगी निष्क्रिय नहीं होता, ग्राहक होता है। उसका जीवन कठिन संयमशील होता है। सम्यक् चिन्तन अष्टविध पथ

का अन्तिम साध्य है, मुकुट। जब मन और इन्द्रियों का भ्रमण थम जाए, चंचल विचार स्थिर हो जाएँ, उस बेला में आत्मा की परमोच्च और विशुद्ध स्थिति प्राप्त होती है। तब आत्मा को स्वतः का निर्बोध आनन्द प्राप्त होता है। यही परमोच्च जीवन है, जब अज्ञान और तृष्णा शान्त हो जाते हैं, और अन्तर्ज्ञान और पवित्रता उनका स्थान ले लेते हैं। यह आत्मा द्वारा प्राप्त अपने लिए परम शान्ति और परमानन्द की स्थिति है। यह आत्मा का सत्य और स्वस्थ स्वरूप है, जिसमें हमें उच्चतर जीवन की पूर्वरुचि प्राप्त होती है, जिसके सामने दैनंदिन जीवन कृश और रुग्ण जान पड़ता है। इसमें हमें मुक्ति और ज्ञान का प्रत्यक्ष और अमर्यादित अनुभव प्राप्त होता है।

बुद्ध भिक्षुओं और जनसाधारण के लिए कामचलाऊ जीवन-प्रणाली प्रस्तुत करते हैं। कृतदन्त ब्राह्मण को प्रवचन करते हुए वे जन-साधारण के लिए पाँच आवश्यक नियम बताते हैं : अहिंसा जो अपने लाभ के लिए नहीं है उसे प्राप्त न करना, वासना-विकारों में अनुचित रूप से लिप्त न होना, असत्य न बोलना और मादक द्रव्यों का सेवन न करना। वे निष्क्रियता नहीं चाहते। किसी जैन ने बुद्ध से पूछा कि क्या आप निष्क्रियता की शिक्षा देते हैं ? तो बुद्ध ने उत्तर दिया : 'गलत हुए बिना कोई कैसे कह सकता है कि योगी गौतम निष्क्रियता के मत का पोषक है ? मैं मन, वचन, कर्म का दुराचरण नहीं चाहता; मैं अनेक दुष्ट कर्मों और दुष्कृत्यों को नहीं होने देना चाहता—मैं मन, वचन, कर्म के सदाचार का पोषक हूँ; मैं भिन्न-भिन्न प्रकार के सत्कर्मों का पोषक हूँ।' बुद्ध-नीति में सत्कर्मों से प्रेम का महत्त्व अधिक है। 'सत्कर्म, जो भी हों, हृदय को बन्धन-मुक्त करने वाले प्रेम का सोलहवाँ हिस्सा भी नहीं है,

क्योंकि हृदय को बंधन-मुक्त करने वाले प्रेम में सत्कर्म का वास है।' प्रेम प्रकाशवान है और ज्योति तथा तेज देता है। जिस प्रकार मां स्वयं जीवन को खतरे में डालकर अपने एकमात्र बच्चे की देखभाल करती है, वैसे ही हर मनुष्य को जीवमात्र के प्रति असीम प्रेम प्रदर्शित करना चाहिए। जीवमात्र के प्रति आदर का भाव नैतिकता का अभिन्न अंग है। सच्चा बुद्ध आनन्द के लिए न तो जीवन-हत्या करता है, न मांस भक्षण करता है। समस्त जीव उसके सखा हैं, तुच्छ प्राणी नहीं जिनपर उसका ईश्वरदत्त अधिकार हो। बुद्ध आत्मिक शान्ति और जीवमात्र के प्रति प्रेम का आदेश देते हैं। वे पाप के विषय में कुछ नहीं करते; अज्ञान और मूर्खता के बारे में कहते हैं, जिन्हें ज्ञान और सहृदयता से दूर किया जा सकता है।

4. जो व्यक्ति अज्ञान पर विजय प्राप्त कर ले, पुनः-पुनः प्रायश्चित की ओर खींचने वाले कर्मों की शक्ति नष्ट कर दे, निस्पृह हो जाए, जिसे शोक-दुःख न व्यापें, जो बुद्धत्व प्राप्त कर ले, वह अस्तित्व की दुनिया से भिन्न, आत्मा की दुनिया में पहुँच जाता है, जहाँ साकार-निराकर का द्वन्द्व नहीं रहता, सुख-दुःख के बन्धन नहीं रहते। वह स्थिति मानव-कल्पना के परे है। यह मुक्ति है। पुनर्जन्म से छुटकारा, निर्वाण। बुद्ध ने निर्वाण की स्थिति का स्पष्टीकरण करने से इन्कार कर दिया। प्रश्न निरर्थक है, और निर्वाण-स्थिति के हमारे वर्णनों का कोई अर्थ नहीं है। वह कैसा होगा, इसे शब्द व्यक्त नहीं कर सकते। किन्तु उस तक पहुँचने का उपाय बुद्ध बताते हैं। अपना अनुसरण करने वालों को वे इसी जीवन में उस दिव्य दर्शन का आश्वासन देते हैं। वे कर्म-काण्ड, तप-त्याग, एक या अनेक देव, अथवा अपनी पूजा का आदेश नहीं

देते। वे शोधक हैं; सत्य के उपासक हैं। उनकी शिक्षा का आधार नैतिक अनुशासन है और वे तत्कालीन तत्वज्ञानी जनों के संग आध्यात्मिक वाद-विवाद में प्रवृत्त नहीं हुए। संसार अनन्त है कि सान्त, सत्य-प्राप्ति के बाद व्यक्ति का अस्तित्व भिन्न रहता है कि एकाकार हो जाता है, मृत्यु के बाद उसका जीवन रहता है अथवा नहीं, आदि प्रश्नों पर बुद्ध विवाद नहीं करते थे।

बुद्ध की कोई 'मीमांसा' नहीं है। वे यह दावा नहीं करते कि पृथ्वी पर वे किसी चिरन्तन ज्ञान को लेकर अवतरित हुए हैं। जातक-कथाओं में वर्णित उनके अपने कथन के अनुसार उन्होंने इस ज्ञान का संग्रह धैर्यपूर्ण चेष्टा के अनेक जीवनों में से किया है। वे अपने शिष्यों के सामने कोई मत-प्रणाली कोई साम्प्रदायिक सिद्धान्त पेश नहीं करते, किन्तु नैतिक विकास की एक योजना, एक पथ प्रस्तुत करते हैं। वे जानते थे कि साम्प्रदायिक मत-प्रणाली की ओट में सत्य का शोध ओझल हो जाता है। बहुधा हम सत्य से इसलिए इन्कार नहीं करते कि उसके विरुद्ध कोई प्रमाण नहीं है, किन्तु इसलिए कि उसके विरुद्ध एक मत-प्रणाली है। बुद्ध के उपदेशों का प्रारम्भ उनके बुद्धत्व प्राप्ति से होता है, जो ऐसा आध्यात्मिक अनुभव है जिसे शब्दों में व्यक्त नहीं किया जा सकता। बुद्ध के समस्त सिद्धान्तों का सम्बन्ध इसी अनुभव और उसे प्राप्त करने के ढंग से है। उन्हीं के द्वारा प्रयुक्त एक उपमा का सहारा लेकर कहें तो अनन्त के सम्बन्ध की हमारी धारणाओं का उतना ही मूल्य है जितना अंडे के भीतर स्थित मुर्गी के बच्चे का बाह्य संसार-विषयक धारणा का होगा। सत्य पाने के लिए हमें सत्य-पथ का अनुसरण करना होगा।

इस विषय में वे संसार के अनेक विचारकों के समान हैं।

सुकरात पर तरुणाई को भ्रष्ट करने का अभियोग लगाया गया, तो वे बोले, 'मेरे कोई सिद्धान्त नहीं हैं। मेलेटस ने न तो तरुणों की, न उनके रिश्तेदारों की कोई गवाही पेश की है, जिससे जान पड़े कि मेरी मत-प्रणाली का उन पर असर पड़ा है।' ईसा को सिद्धान्तों से घृणा थी। उन्होंने कोई नया सम्प्रदाय नहीं चलाया, कोई नया पन्थ स्थापित नहीं किया। उनका उद्देश्य जीवन-यापन का एक नया मार्ग-निर्देश करना था। 'क्रास' नए धर्म का संकेत था, नए पन्थ का नहीं। क्रास धारण करना शिष्यत्व की निशानी है। इसका अर्थ है—असत् को सत् से जीतने का नया तरीका, नया दृष्टिकोण, प्रवृत्तिजात अहमन्यता, वैभव तथा महानता और सांसारिक मापदण्ड का त्याग। सेंट पाल हमें आत्मा का फल देते हैं; प्रेम, आनन्द, शान्ति, अनन्त कष्ट, सौम्यता, भलाई, विश्वास, नियम, संयम देते हैं; और शारीरिक कृतियों से इनकी तुलना करते हैं। शारीरिक कृतियाँ हैं—मूर्तिपूजा, द्वेष, मत्सर, असूया क्रोध, झगड़ा, हत्या आदि।

इस प्रकार बुद्ध के जीवन और आदर्श के सम्बन्ध प्राचीनतम परम्परा की गवाही पर प्रायः निस्संशय रूप से हम जान गए हैं। यद्यपि उनका स्वभाव और उनके उपदेश धर्म-जगत् के सर्वथा उपयुक्त थे, उनकी मूल सादगी, उनका सक्रिय प्रेम, और लोगों की सुख-साधना तथा दुःख-निवृत्ति में उनकी व्यक्तिगत सहायता के कारण अपने समकालीनों और आगत पीढ़ियों की निगाह में वे उद्धारक मान लिए गए। अन्तिम प्रश्नों का हल परिभाषा की परिधि में नहीं बँध सकता, इसलिए उन्होंने उनके निश्चित उत्तर देने से इन्कार कर दिया, लेकिन इस कारण उन्होंने मत-मतान्तर-सम्बन्धी विवादों को जन्म दिया। कम सचेष्ट प्रवृत्तियों वाले जनों की जरूरतों

को तुष्ट करने के लिए बौद्ध मत के अधिक सहज और सरल रूपों का विकास हुआ।

3

बुद्ध ने यथार्थ में क्या उपदेश दिया, अथवा उनके प्रथम अनुयायियों की दृष्टि में उनके क्या उपदेश थे, यह जानने के लिए हमें ईसापूर्व छठी शताब्दी के भारतवर्ष की कल्पना करनी होगी। सामान्य जनों के समान विचारवानों पर भी स्थान-काल का कुछ कम असर नहीं पड़ता। उनके विचारों का रूप, उनके व्यवहारों का ढंग आसपास प्रचलित विचार-कर्मों के साँचे में ढलता है। महापुरुष युग की विचारधारा में चिरन्तन महत्त्व का व्यक्तिगत योग देते हैं। किन्तु वे युग की सीमाओं का उल्लंघन नहीं करते, न कर सकते हैं। जो प्रश्न उनके समकालीन उठाते हैं, उन्हीं को सुलझाने की वे चेष्टा करते हैं। उनके उत्तर परम्परागत धारणाओं के आधार पर होते हैं। यहाँ तक कि उनके जो उत्तर आश्चर्यपूर्ण और नए होते हैं, उनमें भी परम्परा के अस्पष्ट भाव-विचारों की सहायता से उन गम्भीर सत्यों की अभिव्यक्ति रहती है, जिनकी ओर वे बढ़ रहे हैं। वे युग से अधिकतम ऊपर उठकर भी युग से विलग नहीं होते। विचार की उड़ान असम्बद्ध नहीं होती। पुराने विचारों के नये अर्थ से नई कल्पनाएँ पैदा होती हैं। ऐतिहासिक दृष्टि से शून्य आलोचकों के हाथों गौतम बुद्ध ने उतना ही त्रास पाया जितना अन्य किसी ने ऐतिहासिक धारणाओं के अभाव में पाया होगा। वे जितने ही प्रशंसित हुए, उतने ही निन्दित भी। गत शताब्दी के

उत्तरकाल में जब विज्ञान और ज्ञान की वृद्धि से सारे संसार में संशय की लहर दौड़ गई थी, तब पाश्चात्य देशों में प्रत्यक्षवाद, प्रज्ञेयवाद, नास्तिकवाद, नैतिक मानवतावाद का प्रचार होने लगा। संशय और अविश्वास के समस्त साहित्य में बुद्ध का नाम आदर के साथ लिया गया है। मानवतावादी लोग आनन्द, प्रतिष्ठा और समस्त मानवों के मानसिक एकीकरण-सम्बन्धी अपने सिद्धान्तों का बुद्ध को प्रथम प्रचारक नेता मानते हैं। जो यह कहते हैं कि सत्य अज्ञेय है, और वे जो भी ज्ञेय सत्य का अस्तित्व ही नहीं मानते, बुद्ध का प्रमाण देते हैं। बौद्धिक अज्ञेयवादी, जो अस्पष्ट इन्द्रियाँ-जीत ज्ञान का बखान करते हैं, बुद्ध का उदाहरण पेश करते हैं। सामाजिक आदर्शवादी, नैतिक रहस्यवादी, बौद्धिक भविष्यवादी, सभी बुद्ध के उपदेशों से आकृष्ट हुए हैं, और अपने पक्ष की सत्यता के लिए बुद्ध का आसरा लेते हैं। बुद्ध के उपदेशों का हमारे युग के लिए बड़ा मूल्य है। किन्तु उनके जीवन-काल के वातावरण की समुचित जानकारी के बिना इन उपदेशों का यथार्थ महत्त्व जानने की आशा वृथा है। ऐतिहासिक कल्पना की चेष्टा सरल नहीं है, क्योंकि जिन सीधे-सादे शब्दों और विचारों के साथ बुद्ध ने अपने जीवन और कार्य-क्षेत्र की परिस्थितियों का सामना किया, वे बाद की पीढ़ियों में विवाद के विषय बन गए। स्वभावतः उनके अनेक प्रवचनों को हम बाद के सिद्धान्तों की पृष्ठभूमि में पढ़ते हैं। समस्त महाकथनों के, चाहे वे धार्मिक हों, चाहे दार्शनिक, ऐसे अर्थ हो सकते हैं जिनकी कल्पना स्वयं उनके रचयिताओं ने नहीं की थी। क्षण-भर के लिए पिछले युगों के समस्त अर्थों को एक तरफ रखकर बुद्ध को ईसापूर्व छठी शताब्दी के जीवित, सक्रिय और प्रचारक के रूप में समझने का काम बड़ा ही कठिन और नाजुक है। स्पष्ट

कारणों से इसकी पुनर्रचना का काम पूरा नहीं किया जा सकता। यदि हम ईसापूर्व छठी शताब्दी के भारतवर्ष की कल्पना करें, तो हमें विचार, विश्वास और अभ्यास, पशु-पक्षी-पूजा, जादू-टोना, जन्त्र-मन्त्र की अनेक धाराएँ मिलती हैं, जो अद्वैतवाद के रूप में एकाकार होने की चेष्टाएँ कर रही थीं।

व्यक्ति की सत्य-शोध की चेष्टा और सत्य के साथ अपने सही सम्बन्ध स्थापित करने का प्रयत्न द्वैत और अनेकत्व की ओर जा रहे थे, किन्तु कुछ महत्त्वपूर्ण प्रश्नों पर ये सभी एकमत थे। जीवन का प्रारम्भ न जन्म पर होता है, न अन्त मृत्यु पर, अपितु जीवन एक अटूट शृंखला है, जिसकी हर कड़ी पिछले जीवन के कर्म द्वारा निश्चित होती है, और आकार पाती है। पशु, मानव और देव, सब उस शृंखला की कड़ियाँ हैं। हम अच्छे कर्म करके ऊँचा आसन पा सकते हैं, स्वर्ग प्राप्त कर सकते हैं। बुरे कर्म करके हम निम्न पद पर पहुँच जाते हैं। समस्त जीवन का अन्त होता है। इसलिए सच्चा सुख न स्वर्ग में है, न धरा पर; जन्म-मरण के चक्र से मुक्ति ही धर्मप्राण जन के जीवन का उद्देश्य होना चाहिए, जिसे हम मोक्ष कहते हैं, ब्रह्मैक्य कहते हैं, निर्वाण कहते हैं।

मुक्ति की कल्पनाएँ अनेक थीं। कम से कम चार प्रमुख थीं—

1. वैदिक मंत्र देव-कृपा की प्राप्ति का साधन भजन-पूजन मानते हैं।

2. सबसे अधिक प्रचलित यज्ञ की प्रथा की, जो इष्ट को सहज अर्पण के रूप में प्रारम्भ हुई और उपनिषदों से पहले के युग में जटिल हो गई। उपनिषदों में इसे अपूर्ण माना गया है। फिर भी ऐतिक सुख और अमृतत्व-प्राप्ति के लिए इसे उपयोगी स्वीकार कर लिया गया था।

3. विशिष्ट पंथों में संन्यास धर्म प्रचलित था। संयम, पवित्रता और समाधि के साधन से विचार और इच्छा-शक्ति को दृढ़ बनाया जा सकता है। संन्यास धर्म के मतावलम्बी इस भ्रम में पड़ गए कि इंद्रियों का दमन और स्वेच्छा से शरीर को पीड़ा पहुँचाने से अलौकिक शक्ति प्राप्त होती है। तप यज्ञ की अपेक्षा श्रेष्ठ है और ब्रह्मज्ञान की प्राप्ति का साधन माना गया है।

4. उपनिषदों का आग्रह विद्या पर है। इच्छा-दमन और सांसारिक मोह-माया से निवृत्ति के साथ सत्य का अन्तर्ज्ञान ही विद्या है। विद्या का अर्थ ज्ञान नहीं है, एकाग्रता है। यह आत्मा के साथ परमात्मा के ऐक्य का बोध है, जिनके प्रकाश में समस्त सांसारिक मोह-बन्धन नष्ट हो जाते हैं। बुद्ध का आग्रह अन्तिम मत की ओर है, क्योंकि वे आत्म-ताड़न और लिप्ति के बीच के मध्य मार्ग के प्रचारक थे।

उपनिषदें, जो बुद्ध के तत्त्वों का उद्गम हैं, बताती हैं कि हमारा ज्ञात संसार, चाहे वह अन्तर्जगत् हो, चाहे बहिर्जगत् मूल सत्य नहीं है। मूल सत्य की अधिपति परम-आत्मा ज्ञाता है। ब्रह्म और आत्मा एक ही हैं। इस परम सत्य का ज्ञान, मानवात्मा और परमात्मा के स्वरूप का ज्ञान, ही मुक्ति है। यह जीवन-दशा है, आध्यात्मिक अभ्यास और प्रकाश से प्राप्त जीवन का विशिष्ट गुण है। यह कोई विश्राम-स्थल नहीं है। इस लक्ष्य तक पहुँचने के पहले मनुष्य कर्म और पुनर्जन्म से नियंत्रित रहता है।

जीवात्मा-परमात्मा-ऐक्य के सिद्धान्त की छाया में अनेक मतों का विकास हुआ, जिनमें भक्त के विशिष्ट इष्ट परमात्मा के प्रतीक मान लिए गए। बुद्ध यह स्वीकार करते हैं कि दृश्य-नाम-रूपात्मक जगत् सत्य नहीं है और व्यक्ति शाश्वत नहीं है। ये दोनों नियमों

द्वारा संचालित परिवर्तनों के अधीन हैं; और व्यक्ति का कर्तव्य है कि यह परिवर्तनशील कालबद्ध संसार पार करके मुक्ति प्राप्त करे। सृष्टि में, व्यक्ति में और निर्वाण-स्थिति में क्या सत्य है, क्या यथार्थ है, इसे बुद्ध नहीं बताते, यद्यपि वे सैद्धान्तिक आध्यात्मिकता का विरोध करते हैं; उपनिषद् की निरपेक्ष और सीमाहीन पूर्णता की स्थिति के साथ सांसारिक अनेकता, भेदभाव, बन्धन और दुःख की स्थिति की तुलना करते हैं। उपनिषद् और बुद्ध संसार के प्रति अपने दृष्टिकोण में एकमत हैं, किन्तु निर्वाण की कल्पनाएँ दोनों की अलग-अलग हैं।

बुद्ध के 'मौन' का अर्थ जानने के लिए पहले हमें उसका प्रयोजन समझ लेना चाहिए। बुद्ध की शिक्षा की कुंजी उसकी नैतिक श्रेष्ठता है, उनके जीवन और जगत्-सम्बन्धी विचारों का उद्गम। उनका अत्यन्त व्यावहारिक दृष्टिकोण है। प्रत्येक वस्तु के अस्तित्व में किसी कारण का अवलम्ब है। यदि कारण न रहे, तो कार्य न रहेगा। यदि दुःख के कारण का नाश हो जाए, तो दुःख का नाश हो जाएगा। उनके चारों ओर व्याप्त यज्ञ, धर्म और पंथों द्वारा योजित विधि रोग से एकदम सम्बन्धित थी। दुःख के कारण को दूर करने का एकमात्र उपाय हृदय की शुद्धता है। जो तत्त्वज्ञान नैतिकता और व्यक्ति के चरित्र-निर्माण को कम महत्त्व देता है, बुद्ध उसका विरोध करते हैं।

उपनिषदें जो यह कहती हैं, कि हम स्वयं देव हैं, यदि वह सत्य है, तो फिर हमारा लक्ष्य क्या हो ? हम काहे के लिए सचेष्ट हों ? जैन और सांख्य सिद्धान्त प्रकृति में व्याप्त अनेक जीव मानते हैं। उनके अनुसार मनुष्य का कर्तव्य योगाचरण है, जिसके द्वारा अपरिवर्तनशील सार वस्तु परिवर्तनशील जड़ता से मुक्त हो जाए।

चाहे हम उपनिषदों के एकात्म्यवाद पर विश्वास करें चाहे सांख्य के अनेकात्म्यवाद पर, आत्मा अपरिवर्तित और अपरिवर्तनशील है। किन्तु नैतिक शिक्षा परिवर्तन की सम्भावना स्वीकार करती है। मनुष्य देव है नहीं, उसे देव बनाना है। उसकी दैवी स्थित का निर्माण सद्‌विचार और सत्कर्म द्वारा होगा। वह प्रत्यक्ष, जीवित और सचेष्ट प्राणी है। उसे यह कहना कि कोई अतीन्द्रिय चेतना है, जहाँ संशय, बंधन शाश्वत द्वारा पराजित हो जाते हैं, व्यर्थ है। अतीन्द्रिय आत्मा को नहीं प्रत्यक्ष मानव को नैतिकता प्राप्त करनी है। व्यक्ति और वस्तु की शाश्वत, अपरिवर्तनशील कोई आत्मा नहीं है, न संसार की अस्थिरता पर भावुक अभिव्यक्ति, अपितु समस्त नैतिकता की आधारभूत धारणा है। इसे चेष्टा और अनुशासन से आत्म-निर्माण करना है। आत्मा वृद्धिशील, विकासशील है, जिसे कष्ट और श्रम से प्राप्त किया जाता है। यह कोई दान नहीं है कि निष्क्रिय भाव से स्वीकार करके जिसका उपयोग कर लिया जाए। अहं का अर्थ है हमें दग्ध करने वाली भावनाएँ, हमारे विचारों पर कब्जा कर लेने वाले वासना-विकार, और हमारे द्वारा किए गए निर्णय। इन्हीं वस्तुओं से जीवन को नाटकीय स्वरूप प्राप्त होता है। इनमें निरपेक्ष, शाश्वत कुछ नहीं है। तभी तो हम जो हैं, उससे भिन्न हो सकते हैं। व्यक्ति का यथार्थ व्यक्तित्व उसकी सर्जनात्मक संकल्प-शक्ति है। जब हम भावना का कोलाहल शान्त कर देते हैं, वस्तु-जगत् का प्रभाव हमारे लिए थम जाता है, शारीरिक क्षुधा शान्त हो जाती है, तब हमें अपने भीतर आत्मा की ताकत का अनुभव होता है। साथ ही आत्मा का भ्रम मनुष्य को स्वार्थ की ओर प्रवृत्त और दूसरों की हानि के लिए प्रस्तुत करता है। अहं का तीव्र भाव ही संसार के दुःखों का मूल है। अहंकारी व्यक्ति अविकसित नयनहीन जीव

के समान है, जो दूसरों की वास्तविकता के प्रति अन्धा रहता है। हम यदि मन-शरीर की आसक्ति से निवृत्त हो जाएँ, यदि सांसारिक ज्ञात मापदण्डों से मुक्त स्थिति में पहुँच जाएँ, तो हमारा विकास होने लगे। अहं से निर्लिप्त का अर्थ है समस्त सजीव जगत् के प्रति सौम्य, गम्भीर सहृदयता का भाव। यह अपने सम्पूर्ण स्वरूप की सुसंवादी सृष्टि के संग एक नियमित प्रकृति की प्राप्ति है।

अहं शाश्वत अपरिवर्तनशील है, और मृत्यु पर उसका नाश हो जाता है—बुद्ध इस मत का खंडन करते हैं, क्योंकि यदि मृत्यु पर सब कुछ समाप्त हो जाता है, तो अनेक लोग सोचेंगे कि इस छोटे-से जीवन का भार आत्म-नियमन की जरूरत से क्यों बढ़ाएँ ? अहं एक मिश्रण है, एक अस्तित्व है, और परिवर्तनशील है।

दैव में रुचि होने से नैतिकता और यथार्थ परिस्थितियों के अनुभव की ओर से ध्यान और शक्ति फिर जाते हैं, जिनके द्वारा उसकी प्राप्ति सम्भव है। अपने चारों ओर के जीवन से बुद्ध ने जान लिया कि मनुष्य जीवन में सत् का विकास करने वाली अपनी शक्तियों का तब तक उपयोग नहीं करता, जब तक वह अपने करने योग्य काम को पूरा करने के लिए अपने से भिन्न किसी बाह्य शक्ति पर निर्भर रहता है। वह अपना स्वभाव सहसा उदात्त कर देने के लिए दैवी चमत्कार की आशा करता है। बाह्य शक्ति पर आश्रित होने का अर्थ होता है मानवी प्रयास का त्याग। बुद्ध ने जनप्रिय देवों के अस्तित्व से इन्कार नहीं किया, किन्तु वे उन्हें नाशवान जगत् के देवताओं की श्रेणी का मानते थे जिन्हें स्वयं सुधार की आवश्यकता थी। उपदेश और अभ्यास से बुद्ध सचेष्ट जीवन के समर्थक थे। सृष्टि की समस्त गतिविधि नियम-नियन्त्रित है। दैवी स्रष्टा को मानवी जीवन के विषम अनुपात के लिए

उत्तरदायी मानना व्यर्थ है। बुद्ध ईश्वर को हमारे झगड़ों में हिस्सा लेने वाला मूर्त पुरुष नहीं मानते और न सृष्टि की कार्य-प्रणाली में बाधक दैवी अत्याचारी मानते हैं। बुद्ध को ईश्वरवाद के प्रति आग्रह मानव को स्वातन्त्र्यहीन करने वाला और मानवेतर ध्येयों की प्राप्ति में उसे बाँधने वाला जान पड़ा। बुद्ध की मूल समस्या यह नहीं थी कि विश्वात्मा यदि कोई है तो पारलौकिक जगत् में क्या स्वरूप धारण करती है, अपितु यह थी कि विश्वात्मा प्रत्येक व्यक्ति और प्रत्यक्ष जगत् के क्या रूप ग्रहण करती है ? संसार का संचालन धर्म करता है। संसार का निर्माण देवों और देवदूतों ने नहीं किया है, अपितु मानवों की स्वेच्छा ने किया है। मानव का इतिहास उनके जीवन, उनके निर्णय और उनके अनुभवों की पूर्ण परम्परा है।

संसार में आने पर जो परिस्थिति हममें से प्रत्येक व्यक्ति पाता है, वह पिछली पीढ़ियों के असंख्य कृत्यों के परिणामस्वरूप है, और अपने संकल्प-कर्म से हम यथाशक्ति इतिहास के अगले कदम का निर्णय करते हैं। बुद्ध से ज्यादा कोई नहीं जानता कि मानवी इच्छा-शक्ति सर्वशक्तिमान नहीं है, वह जड़, चेतन और सामाजिक वातावरण में क्रियाशील होती है और हर कदम पर मानव-जीवन पर आघात करती है। यद्यपि मानव अपने संकल्प और कर्म से अपने वातावरण को कुछ अंशों में बदलकर नया आकार दे सकता है, मनुष्य और परिस्थिति के बीच की यह क्रिया-प्रतिक्रिया ही इतिहास का ताना-बाना है। मानवी प्रयत्न की कीमत होती है।

वर्तमान स्थिति के प्रसंग में धर्म का उद्देश्य आदर्श है। धर्म समस्त आदर्श लक्ष्यों का एकीकरण है, जो हमें संकल्प और कर्त्तव्य की ओर प्रवृत्त करता है। धर्म हमारा नियन्त्रण इसलिए नहीं करता कि वह हमसे भिन्न कोई अस्तित्व है, अपितु अपने आन्तरिक अर्थ

और महत्त्व के कारण धर्म की सत्ता है, क्योंकि हमारे कर्मों में उसकी सत्ता प्रकट होती है। बुद्ध का आग्रह है कि अस्तित्व में धर्म का मूल है। किन्तु धर्म को किसी बाह्य व्यक्तित्व के साथ सम्बन्धित करने के वे विरोधी हैं। यह कल्पना करना कि धर्म अथवा नैतिक आदर्श प्रकृति से बाहर हैं, प्रकट करता है कि प्राकृतिक साधन भ्रष्ट और निर्वीर्य हैं। इसका अर्थ यह होता है कि अपनी प्राकृतिक अवस्था में मनुष्य असत् रहता है और उसका पुनर्जन्म, पुनर्निर्माण ईश्वर की कृपा से होता है। तब मानव-चरित्र का विकास मानव-चेष्टा का स्वाभाविक परिणाम नहीं माना जाएगा, अपितु अलौकिक शक्ति की मदद से अचानक और सम्पूर्ण क्रान्ति समझा जाएगा। बुद्ध के अनुसार धर्म, न्याय और दया की प्रवृत्ति वस्तुजगत् में सक्रिय है और उसकी पर्याप्त सक्रियता, अव्यवस्था, निर्दयता और अत्याचार का नाश सिद्ध होती है। धर्म अस्तित्व का अभिन्न तत्त्व है और कर्ममय धर्म विश्व-निर्माता होता है। बुद्ध के उपदेशों में कहीं गम्भीर वैयक्तिक प्रेम-निष्ठा, तीव्र प्रेम-भावना और आत्मा का सांसारिक प्रेम जैसा कथोपकथन नहीं मिलता, अपितु धर्म का सार, असत्य का दर्शन, जो भिन्न होते हुए वस्तुजगत् की चंचलता के निकट है, स्वात्मा से परे और महान् विश्व में सम्पूर्ण क्रियाशील किसी शक्ति के प्रति सहज निष्ठा हमें बुद्ध में मिलती है।

4

बुद्ध ने मत-सम्बन्धी विवादों को आन्तरिक शान्ति और नैतिक प्रयत्नों के प्रतिकूल समझकर उत्साहित नहीं किया, क्योंकि यहाँ

हम गम्भीर रहस्यों पर पहुँचते हैं, जिनका हल जानने का आग्रह बुद्धि को नहीं होना चाहिए। जीवन का अर्थ और महत्त्व उसके पृष्ठ में स्थिर रहस्य द्वारा, अबोध अनन्तता द्वारा निश्चित होता है। जीवन के दुख, क्लेश असह्य हो जाएँ, अगर प्रत्यक्ष जगत् ही सब कुछ हो, अगर जगत् और मानव आत्म-निर्भर हों, अगर इनके परे कोई उच्च, गम्भीर रहस्य न हो। हम अतीन्द्रिय अति-ऐतिहासिक सत्य में इसलिए विश्वास नहीं करते कि बुद्धि उसका अस्तित्व मानती है, अपितु इसलिए करते हैं कि प्रत्यक्ष जगत् की सीमा रहस्य है, जहाँ बुद्धि और विचार नहीं पहुँच पाते। ईश्वर और हमारे साथ उसके सम्बन्धों का भव्य चित्रण करने वाले आस्तिकवादी मत सामान्य हैं, जो जीवन की अन्तिम समस्याओं तक नहीं पहुँच पाते। नास्तिकवादी रहस्यात्मक मत हमें गूढ़ता के निकट ले जाते हैं। बुद्धि और तर्क की सीमा रहस्य पर समाप्त हो जाती है। 'इसके सामने शब्द पीछे रह जाते हैं, मन उन्हें नहीं पा सकता।' चरम कोटि के वाणी-संयम में बुद्ध अपने को अत्यन्त रहस्यवादी प्रकट करते हैं। फिर आगे आने वाली पीढ़ियों में उनके अनुयायियों ने उनके मौन का नाना प्रकार से अर्थ किया। मनुष्य की दार्शनिक प्रवृत्ति अधिक नहीं दबाई जा सकती।

लंका के लेखों पर विश्वास करें, तो बुद्ध की मृत्यु के बाद दूसरी शताब्दी में अठारह भिन्न सम्प्रदाय उत्पन्न हुए। बुद्ध का मौन समझने के लिए हमारे पास तीन रास्ते हैं—1. वे नहीं जानते थे कि इस दृश्य-परम्परा के परे कुछ है, या नहीं; 2. वे जानते थे कि प्रत्यक्ष सृष्टि ही सब कुछ है; उसके आगे कुछ नहीं; 3. उनका विश्वास था कि सृष्टि में कोई अतीन्द्रिय सत्य है, आत्मा में चिरन्तनता का वास है, किन्तु नैतिक प्रयोजनों और तर्क के कारण

उन्होंने मूल रूप में अनिर्वचनीय विषयों की परिभाषा करने से इन्कार कर दिया। कुछ लोग उनके मौन को शून्यवाद का आवरण मानते हैं। वे किसी चरम सत्ता का अस्तित्व नहीं मानते, इसलिए आत्मा में चिरन्तन कुछ नहीं है और निर्वाण का अर्थ है शून्यता, अभाव की रात्रि। कुछ अन्य उन्हें 'अज्ञेयवादी' मानते हैं। वे वस्तु के सत्य से अज्ञात थे। सत्य, यदि कोई है, तो सम्भवतः अज्ञेय है। उनका मौन अनिर्णयात्मकता की अभिव्यक्ति था। कुछ और सोचते हैं कि वे रहस्यवादी थे और रहस्यवादियों की भाँति अनिर्वचनीय स्थिति का वर्णन करते हिचकते थे, क्योंकि इस स्थिति का अनुभव किया जा सकता है, इसे प्राप्त किया जा सकता है, किन्तु व्यक्त नहीं किया जा सकता, इस पर विवाद नहीं किया जा सकता। बुद्ध के उपदेशों के आधुनिक टीकाकार अपनी वृत्ति के अनुसार किसी एक मत को स्वीकार करते हैं।

बुद्ध ने चरम सत्य को व्यक्त नहीं किया, इसलिए कोई कहे कि वे चरम सत्य से अज्ञात थे और उन्हें संशयवाद अथवा अज्ञेयवादी मान ले, तो उस बुद्ध के उपदेशों की प्रमुख धारा नहीं समझी। इस दृष्टिकोण के विरुद्ध बुद्ध के वे अनेक कथन हैं जिनमें वे कहते हैं कि जितना उन्होंने शिष्यों को दिया है, उससे वे अधिक जानते हैं। बुद्ध के दृष्टिकोण को ऐसा निष्क्रिय संशयवाद मान लेना, जो चरम प्रश्नों का स्वीकारात्मक या नकारात्मक हल खोजने का कष्ट उठाए, अथवा यह कहना कि वे अज्ञात थे, इसे स्वीकार करने का उनमें साहस नहीं था, उनके प्रति अन्याय होगा। लिखा है : किसी समय महात्मा बुद्ध कौशाम्बी के शिशंपा कुंज में ठहरे; और महात्मा ने शिशंपा की कुछ पत्तियाँ हाथ में लेकर अपने शिष्यों से पूछा—'शिष्यो, मेरे हाथ में एकत्रित पत्तियाँ अधिक हैं कि शिशंपा

कुंज में ?'

'भगवन्, हाथ की पत्तियों से कुंज की पत्तियाँ बहुत अधिक हैं।'

'इसी प्रकार, शिष्यो ! जो कुछ मैं जानता हूँ और तुम्हें नहीं बताता, वह तुम्हें बताए हुए से बहुत अधिक है। और क्यों मैंने तुम्हें वह नहीं बताया ? इसलिए कि उससे तुम्हें कोई लाभ नहीं है। वह तुम्हारे धार्मिक विकास में सहायक नहीं है। वह तुम्हें सांसारिकता से मुक्त करके इच्छा-दमन, क्षणिक का त्याग, शान्ति, ज्ञान, प्रकाश, निर्वाण नहीं देता, इसलिए वह मैंने तुम्हें नहीं बताया।'

मालंक्यपुत्र बुद्ध से इसलिए असन्तुष्ट था कि उसके आध्यात्मिक प्रश्नों का उत्तर बुद्ध ने नहीं दिया। वह अविनीत अशिष्टता से चुनौती देता है, 'अगर प्रभु उत्तर दे देंगे, तो मैं उनका धर्मानुयायी हो जाऊँगा। अगर वे उत्तर नहीं देंगे, तो मैं धर्मवृत्ति त्यागकर संसार-सेवी बन जाऊँगा। अगर प्रभु नहीं जानते, तो सीधा उत्तर है—मैं नहीं जानता।' प्रशान्त विनय-भाव-से बुद्ध कहते हैं कि वे प्रश्नों का उत्तर न देंगे और वे एक कथा प्रस्तुत करते हैं :

'किसी व्यक्ति को विष-भरा तीर लग गया। उसके मित्र उपचारक के पास गए। उपचारक घाव में से तीर निकालने को हुआ, तो आहत व्यक्ति ने कहा—ठहरो, मैं तब तक तीर न निकालने दूँगा, जब तक यह न जान लूँ कि किसने मारा, स्त्री ने कि ब्राह्मण ने, वैश्य ने कि शूद्र ने, वह किस वंश का है, लम्बा है कि ठिगना, और बाण किस जाति का है, किस प्रकार का है ?—आदि-आदि। क्या फल होगा ? इन प्रश्नों का उत्तर पाने के पहले वह व्यक्ति मर जाएगा। इसी प्रकार लोकांतरादि-सम्बन्धी प्रश्नों के उत्तर चाहने वाला अनुयायी दुःख का तथ्य, उसका उद्गम, उसकी निवृत्ति के

साधन जानने के पहले ही मर जाएगा।'

बुद्ध का लक्ष्य अति व्यावहारिक था : अपने श्रोताओं को तर्क-कल्पना नहीं, आत्म-संयमन की प्रेरणा देना। ज्ञान का कुछ अंश ऐसा है जो हमारे लिए ज्ञेय है, किन्तु जिसे वे शब्दों में ठीक समुचित प्रकट नहीं कर सकते। इसलिए वे अपने शिष्यों को स्वयं अनुभव करके अपने पथ का अनुसरण करने का आदेश देते हैं। वे घोषित करते हैं कि यदि हम सचेष्ट होकर अपने विचारों को नियन्त्रित करें, हृदय को शुद्ध रखें, इच्छाओं को अविकारी रखें तो सद्गुण की दैवी प्रभा का आलोक हम पर छा जाएगा, निष्कलंक हृदय-मन्दिर में शिवत्व, शाश्वत धर्म की स्थापना हो जाएगी। दर्शन द्रष्टा के लिए है। बनारस में दिए गए प्रवचन में बुद्ध कहते हैं : 'यदि तुम मेरे उपदेशों का अनुगमन करो, तो इसी जीवन में सत्य-संग्रह कर सकोगे, सत्य से साक्षात्कार कर सकोगे।' ऐसी विश्वासपूर्ण, ऐसी अधिकारपूर्ण वाणी किसी अज्ञेयवादी की नहीं हो सकती।

यद्यपि बुद्ध ने अनेक विश्वासों की सत्यता पर संशय किया है, उन्होंने सृष्टि की नैतिक व्यवस्था अथवा आत्मा के जीवन का महत्त्व और उसकी चरम सत्यता पर कभी शंका नहीं की। सदाचरण के लिए लगातार आग्रह और तर्क की कसौटी पर मत-मतान्तरों की सूक्ष्म परख का आधार उनका प्रबल स्वीकारात्मक विश्वास था। सदाचरण-विधान ही उनके लिए परब्रह्म है। मानवी आशा और चेष्टा का यही समाधान है, जिसपर सृष्टि का अस्तित्व स्थापित है। यही इतिहास का अर्थ है, यही सृष्टि का उद्धार है।

प्रमाणों के आग्रहवश यदि हम यह स्वीकार करें कि बुद्ध सत्य-ज्ञाता थे, यद्यपि उन्होंने उसे प्रकट नहीं किया, तो क्या इसका

अर्थ यह नहीं हुआ कि वे अनीश्वरवादी थे ? वे जो परमात्मा की सत्यता-सम्बन्धी धार्मिक अनुभव के सम्बल और यथेष्ट प्रमाण की महत्ता कम करना चाहते हैं, बुद्ध के तर्कों का आश्रय लेते हैं : 'निर्वाण क्या चिरन्तन निशा में चिरन्तन निद्रा नहीं है ?' उनके सिद्धान्तों का सार है : ईश्वरविहीन स्वर्ग, आत्मविहीन अमरता और प्रार्थनाविहीन पवित्रता। टी. एच. हक्सले बुद्ध के सिद्धान्तों में आशा-तत्त्व का विश्लेषण इस प्रकार करते हैं, 'वह ऐसा विधान है जो पश्चिमी अर्थ में ईश्वर को नहीं मानता, जो आत्मा का अस्तित्व नहीं मानता, जो अमरता में विश्वास को मूर्खता और अमरता की आशा को पाप मानता है, जो प्रार्थना और यज्ञादिक को व्यर्थ मानता है, जो मुक्ति के हेतु अपनी चेष्टा के सिवा अन्य उपायों को नहीं मानता, जो अपनी धर्ममूल शुद्धता में व्रत-वैकल्य नहीं मानता, और सांसारिक सहायता की आशा नहीं रखता; जो आश्चर्यकारी प्रगति से प्राचीन जगत के अर्धांश में व्याप्त हो गया और विदेशी अन्धविश्वासों की अशुद्ध मिलावट के साथ भी आज मानव-समाज के बहुत बड़े हिस्से का पंथ है।' बुद्ध के युग की मनोवैज्ञानिक प्रवृत्ति के बीच उनके उपदेशों का स्वागत सम्भव नहीं था, अगर उनके उपदेश शून्यवादी, नकारात्मक होते, क्योंकि जो भी व्यक्ति भारतवर्ष के धार्मिक वातावरण से परिचित है, वह नकारात्मक (शून्यवादी) दर्शन को धार्मिक पुनरुज्जीवन के लिए असमर्थ मानेगा। यद्यपि बुद्ध को परमदेव ब्रह्मा की सर्वश्रेष्ठता अमान्य थी, उनके अनुयायी समझते थे कि उन्होंने किसी महत्तर उद्देश्य के लिए ऐसा किया। इतर देवों के भक्तों ने अपनी उपासना का आधार भिन्न दिव्य स्वरूप में बदल दिया। वह युग शिव और विष्णु भक्तों का था और कालान्तर में स्वयं बुद्ध को अनेक अनुयायियों ने देवत्व

प्रदान कर दिया। उनके अनुयायियों की वृत्ति अनीश्वरवादी नहीं थी।

1. अधिक सार्थक और उचित होगा कि हम बुद्ध के उपदेशों को उनके युग की परिस्थिति के प्रसंग में समझ और प्रश्न करें कि बुद्ध के विश्वासानुसार दृश्य-नाम-रूप संसार के और परे कोई सत्य है या नहीं, जीवात्मा से परे कोई आत्मतत्त्व है या नहीं, और अमर जीवन की भावरूप कल्पना उन्हें थी या नहीं। इससे हमें यह जानने में सहायता मिलेगी कि बुद्ध नास्तिक हैं अथवा किसी चरम आध्यात्मिक सत्य में उनका विश्वास है।

धर्म की कल्पना का इतिहास मनोरंजक है। फारस और भारतीय संस्कृतियों में ऋतु को नैतिक और भौतिक व्यवस्था माना गया है। समस्त वस्तु और व्यक्ति इसी नियम के नियन्त्रण में हैं। वे निश्चित मर्यादानुसार होते हैं। वैदिक काल में यह व्यवस्था भौतिक मात्र न रहकर संसार की नैतिक व्यवस्था भी हो गई और इसके अन्तर्गत मानव आचरण के सिद्धान्तरूप नियम, रीति और शिष्टाचार आ गए। ऋतु अथवा नैतिक व्यवस्था किसी देव का निर्माण नहीं है। यह स्वयं दिव्य है, देवों से स्वतन्त्र है, यद्यपि वरुण और आदित्य इसके पालक हैं। उपनिषदों में लिखा है : 'धर्म से बड़ा कुछ नहीं है।' 'जो धर्म है, वही सत्य है।' व्यवस्था और सत्य एक ही सत्य के व्यावहारिक और सैद्धान्तिक पहलू हैं। पूर्ण सुसंवादी विश्व ही सत्य है। हमारे नैतिक जीवन में असम्बद्धता, भिन्नता, पार्थक्य और असंवादी तत्त्व हैं। हमारा व्यवस्था-प्रेम और सत्यशोध के प्रयत्न अन्य जगत् के साथ हमारे स्नेह के द्योतक हैं। जहाँ उपनिषदों में इस बात पर जोर दिया गया है कि निरपेक्ष सत्ता ही सत्य है, और सत्य तथा धर्म वही है, प्रारम्भिक बौद्ध धर्म में धर्म को प्रत्यक्ष जगत्

में क्रियाशील तत्त्व माना है और चरम सत्ता की सत्यता पर कम से कम जोर दिया गया है। धर्म सर्वव्यापी नियम है। धर्म का अर्थ है नैसर्गिक नियम, कार्य-कारण, भाव-परम्परा, जाति का नियम। 'भगवन्, राजाधिराज कौन है ?' किसी ने प्रश्न किया। बुद्ध ने उत्तर दिया, 'धर्म राजाधिराज है।' धर्म वह निरपेक्ष, प्रमादातीत सद्वृत्ति है, सांसारिक न्याय जिसकी छाया-मात्र है। धीरे-धीरे इसका उपयोग वस्तु के आकार-प्रकार, उसके आधार, उसके कारण के बोध के लिए होने लगा।

अनगिनत रीतियों से हम निरपेक्ष तत्त्व का आकलन करते हैं। प्रत्येक धर्म उसके किसी एक रूप को केन्द्र मानकर उसी के माध्यम से अन्य रूपों की चर्चा करता है। बुद्ध ने नैतिक रूप पर जोर दिया। उनके अनुसार गतिशील ग्रह-नक्षत्रों से लेकर जीवन का लघुतम स्पन्दन तक प्रकृति का समस्त क्रिया-कलाप नियम-नियन्त्रित है। चिन्तन के क्षणों में भले ही हम सृष्टि को अव्यवस्थित और अस्त-व्यस्त मान लें, किन्तु व्यवहार में हमारा यह दृष्टिकोण नहीं रहता। हम इसी धारणा और आशा से काम करते हैं कि संसार नियम-बद्ध है और अनुभव हमारी इस धारणा को पुष्ट करता है। किन्तु यह नियम-व्यवस्था नैतिक है। अपनी भाव-विकृति के क्षणों में भले ही सृष्टि को हम अव्यवस्थित, प्रेम-हीन और दुष्ट मानें, किन्तु हम इसी चरम विश्वास के साथ काम करते हैं कि यह विशिष्ट रूप में सदाशय है। नैतिक आदर्श व्यक्तिगत कल्पनाएँ नहीं हैं, और न विकास तत्त्वानुसार उत्क्रान्त वस्तु। वे मूल रूप सृष्टि में हैं। बुद्ध के अनुसार धर्म सृष्टि का प्रेरक तत्त्व है। सृष्टि में हम इसका अस्तित्व प्रकट करें, हमसे यह आशा की जाती है। प्रत्येक नैतिक आदर्श के दो स्वरूप हैं। एक मानवी चेष्टा

द्वारा प्राप्य है, और दूसरा यह कि सृष्टि उसका आधार है। यदि हमारी सामर्थ्य उसका अस्तित्व प्रकट करने की नहीं है, तो उस दिशा में हमारा प्रयास ही व्यर्थ है। यह कहा जा सकता है कि हम ध्येय-प्राप्ति के लिए सचेष्ट हों, किन्तु हमारी चरम आशाएँ भंग हो जाएँगी। हम वस्तु को, जैसी वह है, उससे बेहतर नहीं बना सकते। हमें यह आश्वासन चाहिए कि ऐसा कोई सार्वभौम नियम है जो नैतिक पूर्णता की ओर प्रेरित करता है। नैतिक पूर्णता की ओर हम असीम प्राणी अपने सीमित क्षेत्र में सचेष्ट हैं। बुद्ध हमें वह आश्वासन देते हैं। वे कहते हैं कि एकमात्र सत्य, जिस पर हम भरोसा कर सकते हैं, धर्म है। सृष्टि के उद्धार का अर्थ है, धर्म की स्थापना। वे कहते हैं, 'सृष्टि के समस्त प्राणियो ! तुम अपनी जटिलताएँ स्वयं सुलझाओ।' बुद्ध सर्वज्ञ, सर्वशक्तिमान जगदीश्वर के अस्तित्व में विश्वास नहीं करते, किन्तु वे कहते हैं कि संसृति हमारी नैतिक चेष्टाओं के प्रति उदासीन नहीं है। धर्म का केन्द्र-रूप सत्य, जो हम हैं उससे बेहतर होने में हमारे प्रयत्नों की सहायता करता है। दृश्य जगत् के परे कोई सत्य है, जो श्रद्धालुओं के प्रति अनुकूल रहता है। धर्म मात्र अमूर्त कल्पना नहीं है, अपितु उसे मूर्त स्वरूप देने वाले जगत् का आधारभूत सत्य है। इस नाशवान दृश्य जगत् में यही एक अविनाशी तत्त्व है, यह जगत् में नैसर्गिक आध्यात्मिक नियम के रूप में अभिव्यक्त हुआ है, और उसका अतीन्द्रिय स्वरूप है। हमें उसका आदर करना चाहिए, उसकी पूजा करनी चाहिए। पूर्ण बुद्धत्व प्राप्त करने के बाद बुद्ध धर्म-छाया में रहकर उसे आदर देते हैं, उसकी पूजा करते हैं। धार्मिक अन्तर्दृष्टि का अर्थ है, बुद्धत्व। अष्टविध मार्ग का साध्य यही अन्तर्दृष्टि की प्राप्ति है, इसी जीवन-काल में हृदय की और

बुद्धि की मुक्ति है। क्या यह अन्तर्दृष्टि व्यक्तिगत मानसिक स्थिति है, प्रेम-पात्र के बिना प्रेम की अवस्था है ? जैसा कि बुद्ध कहते हैं। वे कहते हैं कि इसके माध्यम से हम यहीं और इसी जीवन-काल में सत्य का सीधा और निकटतम साक्षात्कार कर सकते हैं; हम इन्द्रियगम्य दृश्य जगत् के स्तर में छिपी दैवी सत्ता की प्राप्ति कर सकते हैं। अव्यवस्था से व्यवस्था द्वारा हम क्षणिक से शाश्वत और नाम-रूपात्मकता से सत्य तक पहुँच जाते हैं। बाह्य जगत् के प्रति अनासक्ति और निश्चलता की मनःस्थिति द्वारा यह अन्तर्दृष्टि सम्भव है। जब हम नैतिक आचरण से हृदय पवित्र कर लेते हैं, चेतना की समस्त शक्ति अपने आन्तरिक सारतत्त्व पर केन्द्रित कर लेते हैं, तब सुप्त दैवीशक्ति जाग्रत् होती है, और इसमें अन्तर्दृष्टि की स्पष्टता तथा परमानन्दयुक्त अनुभूति होती है। जो कहते हैं कि बुद्ध को धार्मिक अनुभूति तो प्राप्त थी परन्तु धार्मिक तत्त्व उनके कोई नहीं थे, वे बौद्ध धर्म के वचनों को भूल जाते हैं और व्यर्थ ही उन्हें विरोधी मतों का अपराधी ठहराते हैं। वे उपनिषदों के ब्रह्म का अस्तित्व मानते हैं, केवल उसे संज्ञा धर्म की देते हैं, जिससे कि दृश्य जगत् के स्तर पर उसका नैतिक महत्त्व स्पष्ट हो जाए। ब्रह्मपथ ही धर्मपथ है; ब्रह्मनिष्ठा ही धर्मनिष्ठा है। तथागत के लिए धर्म उनका शरीर था, ब्रह्म शरीर था, धर्म और ब्रह्म दोनों के साथ वे एकरूप थे। अष्टविध मार्ग को धर्मयान भी कहा जाता है, ब्रह्मयान भी।

2. अनात्मवाद का अर्थ है कि अहं परिवर्तनशील तत्त्व है। 'अलगुद्दूपम सुत्त' में बुद्ध पर आरोप लगाया गया है कि वे सत्य वस्तु के विनाश का सिद्धान्त प्रचारित करते हैं। किन्तु वे इस आरोप को एकदम अस्वीकार करते हैं। वे कहते हैं कि मैं पाँच प्रकार

के अहं के त्याग का उपदेश देता हूँ–शरीर, मन, भावना प्रवृत्ति और ज्ञान। उन्हें तीस दुर्बल तरुणों का झुण्ड किसी कुंज में अपनी पत्नियों के साथ समय व्यतीत करते मिला। एक के पत्नी नहीं थी और उसके लिए वे लोग वेश्या ले गए थे। वह उनका सामान लेकर भाग गई थी। उसे खोजते हुए उन्होंने बुद्ध से उसके विषय में पूछा। बुद्ध ने उत्तर दिया, 'तरुणो, तुम्हारे लिए क्या एक स्त्री की खोज में जाना, श्रेयस्कर है, अथवा अपनी खोज में जाना ?'

'अपनी खोज में जाना श्रेयस्कर है, स्वामी।' धम्मपद ने कहा, 'आत्मा का स्वामी आत्मा है; फिर किसी अन्य स्वामी की चाह क्यों ? आत्म-संयमन किया कि ऐसा स्वामी मिल गया, जो कम को मिलेगा।'

एक सुप्रसिद्ध उद्‌गार में वे कहते हैं, 'शिष्यो, जो तुम्हारा नहीं है, उससे मुक्त होओ। शरीर, मन, भावना आदि तुम्हारे नहीं हैं। उनसे मुक्ति पाओ।'

'कोई यदि इस वन के समस्त घास, शाक, पात अपने उपयोग के लिए ले ले, या जला डाले, अथवा ले जाए, तो क्या तुम्हें यह कहने का ध्यान होगा कि अमुक व्यक्ति मुझे लिए जा रहा है, मुझे जला रहा है, मेरा उपयोग कर रहा है ?'

'नहीं भगवन्, कभी नहीं।'

'और क्यों नहीं ?'

'क्योंकि भगवन्, वह हमारी आत्मा नहीं है, हमारी आत्मा का अंश नहीं है।'

बुद्ध ने उत्तर दिया, 'उसी प्रकार समस्त अनात्म, सकल स्कन्धों का त्याग करो।'

इससे यह स्पष्ट है कि ये स्कन्ध आत्मा से वैसे ही असम्बद्ध

हैं, जैसे कि वन के वृक्ष उस व्यक्ति से जो उस वन में उपस्थित है। प्लाटिनस ने कहा है, 'मुझमें मेरा कुछ बाकी न रखो।' मनुष्य में कोई तत्त्व है, जो शाश्वत है, सहज है, स्वयंभू है, जो नाशवान स्कन्धों से भिन्न है, और जब बुद्ध प्रश्न करते हैं कि क्या कोई ऐसा तत्त्व है, जो परिवर्तनशील हो, नाशवान हो और जिसे आत्मा की संज्ञा दी जा सके, तो उनकी धारणा स्पष्ट है कि आत्मा का कहीं अस्तित्व है। बुद्ध के इस मत की पुष्टि इस सिद्धान्त से होती है–'यह मेरा नहीं है, यह मैं नहीं हूँ, मैं यह नहीं हूँ।' इस निषेध द्वारा आत्म और अनात्म के बीच की मूल भिन्नता स्पष्ट होती है। यह दृश्य जगत् के निश्चित आधारों के सर्वथा परे है। बुद्ध जब आत्मा को आत्मदीप, 'आत्तदीप', आत्मशरण 'आत्तशरण' कहते हैं, तो वे नश्वर स्कन्धों की ओर संकेत नहीं करते, किन्तु हमारे भीतर स्थित विश्वात्मा की ओर संकेत करते हैं। इस दृश्य जगत् के संगठन के सिवा आत्मा में कुछ और नहीं है। क्या आत्मा का अर्थ है, 'पच स्कन्ध संघ ? इसका सुलभ उत्तर यही दिया जाता है कि आत्मा का सम्बन्ध शब्दातीत है। हम कह नहीं सकते कि व्यक्ति पंच स्कन्धों का संघ है, अथवा उससे भिन्न है। सारिपुत्र सती के साथ अपने संलाप में कहते हैं कि तथागत न तो पंच स्कन्ध संघ हैं, न उनसे भिन्न ही।' अनेक स्थलों पर आत्मा और शाश्वत धर्म को एकरूप कहा गया है।

जहाँ उपनिषदें कहती हैं कि मानव का केन्द्र और सार आत्मा है और मनुष्य का लक्ष्य उसका शोध होना चाहिए, बुद्ध का आग्रह सदाचार और नव व्यक्तित्व की उत्क्रान्ति के प्रति था। सुप्त आत्मा का शोध समस्त जीवन की उत्क्रान्ति के बिना सम्भव नहीं है। मनुष्य का लक्ष्य अपने यथार्थ स्वरूप की प्राप्ति है। बुद्ध हमें इस

धारणा के खतरे से आगाह करते हैं कि, चूँकि हम मूलरूप में दैवी हैं, इसलिए व्यवहार में हम अभिन्न हैं। साक्षात् दिव्यता-प्राप्ति हमारा लक्ष्य है। इसी जीवन में वह शान्ति पाता है, स्थिरता पाता है, और ब्रह्मभूत आत्मा के संग आनन्दानुभूति में विहरता है, विश्वात्मा की अभिव्यक्ति के लिए आवश्यक समस्त बंधनों, व्यवधानों से मुक्ति का क्रम सचेष्ट नैतिकता से पूर्ण है। यदि उपनिषदें ज्ञान द्वारा मुक्ति बताती हैं, तो बुद्ध कहते हैं कि सुखी वही है, जिसने समस्त इच्छाओं का त्याग कर दिया है। जिसका जीवन वासना से रुंध गया है, भय-ईर्ष्या से मलिन है, क्रोध और नीचता से कलुषित है, वह न तो आत्मदर्शन कर सकता है, न आत्मानन्द पा सकता है। बुद्ध का आग्रह साध्य पर नहीं, साधना पर है, किन्तु वे विश्वात्मा की सत्यता स्वीकार करते हैं और उसे दृश्य जगत् के स्कन्ध-संघ से स्पष्ट भिन्न मानते हैं।

3. बुद्ध की निर्वाण-विषयक कल्पना का आधार तत्कालीन धारणाएँ थीं। निर्वाण वह आनन्दमय अन्त है, जिसकी प्राप्ति में सबको सचेष्ट होना चाहिए। यह उपनिषदों के मोक्ष के समान है। उपनिषदों और भगवद्गीता में निर्वाण शब्द मिलता है, जिसका अर्थ है, समस्त वासना का क्षय, ब्रह्म के साथ एकात्म्य। इसका अर्थ 'पूर्ण क्षय अथवा नाश' नहीं होता। इसका अर्थ है, वासना की अग्नि का शान्त होना और अपनी सम्पूर्णता की प्राप्ति का आनन्द मिलना। इसमें कार्य कारण भाव की शृंखला भंग हो जाती है और फिर पुनर्जन्म नहीं होता। इस चरम स्थिति के लिए बुद्ध ब्रह्मप्राप्ति, ब्रह्मभूत संज्ञाओं का उपयोग करते हैं। इस स्थिति को इसी जन्म में मृत्यु के पहले भी प्राप्त करना सम्भव है। किस प्रकार वे निर्वाण की अनुपम भव्यता तक पहुँचे, जहाँ न जन्म है न जरा; न राग

है, न मृत्यु; न पीड़ा है, न कलंक; इसे बुद्ध व्यक्त करते हैं। जब विशाख नामक किसी व्यक्ति ने भिक्षुणी धम्मदिन्ना से निर्वाण के विषय में प्रश्न किया, तो वह बोली, 'तुम प्रश्न को बहुत खींच रहे हो, विशाख ! धार्मिक जीवन निर्वाण में डूबा हुआ है; उसका लक्ष्य निर्वाण है, उसका अन्त निर्वाण। तुम चाहो, तो भगवान से पूछो और जो वे कहें, उसे ध्यान में धरो।' बुद्ध ने विशाख से कहा, 'भिक्षुणी धम्मदिन्ना विदुषी है, परिणतप्रजा है। अगर तुमने मुझसे प्रश्न किया होता, तो मैंने भी उसी के समान समझाया होता। यथार्थ में वही उत्तर है। इसलिए उसे ही ध्यान में धरो।'

मरणोत्तर जीवन के अभिवचन देने से बुद्ध को सन्तोष नहीं है। वे इसी जीवन में प्राप्य दिव्य दर्शन का आश्वासन देते हैं। जो पवित्र पर्वत पर चढ़े हैं, उनके मुखमण्डल दिव्यालोक से उज्जवल हैं। मोगल्लान ने सारिपुत्र से कहा : 'मित्र, तुम्हारी बुद्धि निर्मल है, तुम्हारे शरीर का रंग सुन्दर और निर्मल है। क्या तुम्हें अमरत्व प्राप्त हो गया है ?' 'हाँ मित्र, मैंने अमरत्व प्राप्त कर लिया है।' निर्वाण इसी जीवन में प्राप्त आध्यात्मिक स्थिति है, सामाजिक और बौद्धिक कर्मों से जिसका कोई विरोध नहीं है। इसमें अहं का भाव पूर्णतया नष्ट हो जाता है। बुद्ध के दो शिष्य घोषित करते हैं, 'भगवन्, जिसने बुद्धत्व प्राप्त कर लिया, उसके जीवन के समस्त बन्धन टूट गए, जिसने सम्पूर्ण ज्ञान-प्राप्ति द्वारा निर्वाण पा लिया, उसके मन में यह विचार उठता ही नहीं है कि मुझमें कोई उत्तम है, सम है अथवा निकृष्ट है।' बुद्ध ने उत्तर दिया, 'ठीक है।' इसी प्रकार सच्चे मनुष्य अपने प्राप्त ज्ञान को प्रकट कर देते हैं, किन्तु अहं की चर्चा नहीं करते।

निर्वाण भौतिक नहीं है, क्योंकि निर्वाण-प्राप्त जन के प्रति

जन्म-मरण का चक्र उदासीन रहता है। निर्वाण अपने साथ परमोच्च आनन्द लाता है। निर्वाण ने थेर और थेरी माथा के बहुतेरे काव्य को प्रेरणा दी। मरने पर शरीर का क्या होता है ? निर्वाण-प्राप्त जन के लिए क्या वह नितान्त निरोध है ? अथवा इस मात्र इन्द्रियगम्य जगत् से सम्बन्ध-विच्छेद और अन्य यथार्थ सत्य जगत् की आनंदानुभूति है ? बुद्ध इनका उत्तर देना अस्वीकार करते हैं। निर्वाण मात्र शून्याकार है, इस मत के लिए सैद्धान्तिक प्रणाम मिलना कठिन है, बौद्ध ग्रन्थ ऊँचे स्वर में जिस पवित्र स्थिति, नीति द्वारा पूर्णता के विषय में चर्चा करते हैं, वह मात्र मृत्यु की स्थिति नहीं है। जो सत्पथ का फल है, वासना से मुक्ति, अखण्ड शान्ति और देवों द्वारा ईर्षित है, जो समस्त चेष्टाओं का लक्ष्य है, वह निर्वाण मात्र शून्यता नहीं है। यह स्वतः को अलग अस्तित्व बनाने वाले बन्धनों का खण्डित होना है, यह कालहीन अखिलता में शाश्वत जीवन है। यह पिछले जीवन का मात्र शुद्धीकरण नहीं है, अपितु अतीत और वर्तमान समस्त रूपों का अन्त है, जो आज और यहाँ है, उससे भिन्न अस्तित्व, मृत्युहीन, अन्तहीन, परिवर्तनहीन विशेष धर्म-अस्तित्व की विशेषता सूचित करते हैं, अस्तित्व का जीवनकाल नहीं। 'अमर जीवन प्राप्तकर्ता को किसी माप से नहीं मापा जा सकता। वह शब्दातीत है। जिस प्रकार अस्तित्व के सब प्रकार समाप्त हो जाते हैं, उसी प्रकार वाणी के भी सब प्रकार समाप्त हो जाते हैं।'

'अग्नि वच्छगोत सुत्त' में कहा गया है कि ईंधन चुक गया कि लौ बुझ जाती है। उसी प्रकार जीवन की लौ जगाए रखने वाले वासना-विकार नष्ट हुए कि ईंधन चुक गया, किन्तु दृश्य अग्नि का बुझना सम्पूर्ण विनाश नहीं है। जो नष्ट होती है, वह है विषय,

विकार, भ्रम की आग। भिक्षुणी रवेमा पसनेदि राजा से कहती है, 'प्रभु ने यह समझाया नहीं है।'

राजा ने पूछा, 'क्यों नहीं, प्रभु ने समझाया ?'

'राजन्, मैं एक-एक प्रश्न पूछूँ; आप जैसा उचित समझें, उत्तर दें। आपका क्या विचार है राजन्, क्या आपके पास गंगा की रेती अथवा इतने परिणाम अथवा लक्ष सहस्र शत अन्नकण गिनने के लिए कोई व्यक्ति है ?''

'नहीं, हे पवित्रे।'

'क्या आपके पास समुद्र नापने वाला कोई व्यक्ति है ?'

'नहीं, हे पवित्रे।'

'और क्यों नहीं ?'

'पवित्रे, समुद्र गम्भीर है, अपरिमेय है, अगम्य है।'

'उसी प्रकार राजन्, जब तथागत का शरीर नष्ट हो गया, निर्मूल हो गया, ताड़ वृक्ष के समान निर्मूल होकर नष्ट हो गया, भविष्य में कभी उठेगा नहीं, शरीर से मुक्त होकर तथागत समुद्र के समान गम्भीर, अपरिमेय और अगम्य हो जाता है।'

नाशवन्त स्कन्धों से भिन्न मुक्तात्मा सत्य है, किन्तु अनिर्वचनीय। जब यमक कहते हैं कि जिसके समस्त पाप धुल गए हैं, ऐसा भिक्षु मृत्यु के बाद नष्ट हो जाता है तो सारिपुत्र कहते हैं कि यह पाखण्ड है। इसी जीवन में सन्तों का आचरण बुद्धि से अगम्य है। वत्स से बुद्ध कहते हैं 'नामरूप से तो सन्त मुक्त हो गया, वह समुद्र के समान गम्भीर, अपरिमेय और अगम्य है। यह गम्भीर अनभिज्ञ भिन्न ही जीवन-स्थिति है। उसका नकारात्मक वर्णन ही सम्भव है। नकारात्मक ईश्वरवाद की संज्ञाएँ दैवी गुहा, अनन्त ईश्वर, पारहीन सागर, अतीत मरुधरा बार-बार प्रयुक्त होती

है। यह सामान्य अर्थ में जीवन नहीं है, प्रत्यक्ष फिर भी सत्य है, जो विचारातीत है, अनिर्वचनीय है। यदि इस संसार का प्रवाह अजस्र है, शाश्वत परिवर्तन है, तो निर्वाण शान्ति है। यह सामान्य मानवी चेतना से इतनी भिन्न है कि हमें अन्य नाम देना चाहिए। यह यथार्थ में अचेतना है, क्योंकि समस्त स्पष्ट चेतना अनात्मा की, ब्राह्म जगत् की चेतना है। जैसा कि उपनिषद् में लिखा है : 'जब वह नहीं जानता, तब भी वह जानता है, यद्यपि वह नहीं जानता,' क्योंकि नष्ट न हो सकने के कारण ज्ञाता से ज्ञान अभिन्न है। किन्तु कोई अन्य कुछ ज्ञेय उससे अन्य भिन्न नहीं है। 'वह जल जैसा पारदर्शक बन जाता है, वह एक है, साक्षी अद्वितीय है, वह ब्रह्म जगत् है।' सब पारदर्शक है, निर्मल, निर्बाध है, उसमें क्षणिक की कोई मिलावट नहीं है। बृहदारण्यक उपनिषद् के एक प्रसिद्ध स्थल में याज्ञवल्क्य ने अपनी पत्नी मैत्रेयी को निर्बंध आत्मा और चरम सत्य को एकाकार बताया है, जिसे परिभाषा की परिधि में नहीं बांधा जा सकता। 'जिस प्रकार नमक के डले का अन्तर है न बाह्य है, जो स्वाद के सिवा कुछ नहीं है। जीवात्मा पञ्चभूतों से उत्पन्न होकर उन्हीं के साथ अन्तर्धान हो जाती है। मृत्यु के पश्चात् चेतना नहीं रहती।' मैत्रेयी सुनकर चकराई। याज्ञवल्क्य कहते गए, 'मैं अचम्भे में डालनेवाली कोई बात नहीं कह रहा। सत्य ही, प्रिये, आत्मा शाश्वत है, अविनाशी है। जब तक द्वैत रहता है, तब तक एक-दूसरे को देखता है, एक-दूसरे का स्वाद लेता है, एक-दूसरे का अभिवादन करता है, एक-दूसरे का सुनता है, एक-दूसरे को छूता है, एक-दूसरे को जानता है, किन्तु जहाँ आत्मा सर्वत्र व्याप्त है, वहाँ हम दूसरे को कैसे देखें, कैसे उसका स्वाद लें, कैसे उसे सुनें, छुएँ या जानें ? जिसकी शक्ति से हम अन्य सब जानते हैं,

उसे हम कैसे जानें ? आत्मा को नेति-नेति कहा गया है, वह दुर्बोध है, अविनाशी है, बन्धनातीत है, रागहीन है, दुःखहीन है, जरा-हीन है। प्रिये, ज्ञाता को कोई कैसे जान सकता है ? वह सब प्रकाशों का प्रकाश है।' एक सुन्दर स्थल में कहा गया है, 'जो प्रज्ञावत ब्रह्म में स्वयं अपनी आत्मा को देख सकते हैं, वे चिरशान्ति पाते हैं, अन्य नहीं।' 'यह वही है,' कहकर चरम, अनिर्वच आनन्द का अनुभव करते हैं। 'फिर मैं उसे कैसे जानूँ ? उसका स्वयं प्रकाश है, अथवा वह अन्य से प्रकाशित है। न वहाँ सूर्य है, न चन्द्र, न तारे हैं, न तडित्, और न अग्नि ही। वह प्रकाशित होता है तो सब कुछ प्रकाशित हो उठता है; उसके प्रकाश से समस्त संसार प्रकाशित होता है।'

उदान बुद्ध की निर्वाण-सम्बन्धी कल्पना को यही समझते हुए कहता है कि वह तृष्णा, अज्ञान व द्वैत के परे सत्य है जो अनासक्त है, उस पार है, स्थिर, अविनाशी है, जिसे कोई तूफान हानि नहीं पहुँचा सकते।

इस कोटि का है निर्वाण। बुद्ध कहते हैं, 'ऐसा एक लोक है, जहाँ न जल है, न थल है, न वायु है, न प्रकाश; न देश है, न काल; न शून्यता है, न निर्बोध; न इहलोक है, न परलोक; न सूर्य है न चन्द्र; उसे मैं न आगमन कहता हूँ न निगमन; न खड़े रहना, न गति, न विश्राम, न जन्म, न मृत्यु, वहाँ स्थिरता नहीं है, अखण्ड प्रवाह नहीं है, आधार नहीं है। यही दुःख से निवृत्ति की स्थिति है।' वह स्थानातीत है, क्योंकि स्थितिहीन है; कालातीत है, क्योंकि परिवर्तनहीन है। न उसमें कर्म है, न दुःख। वहाँ गति और विश्रान्ति एकरूप हैं।

बुद्ध के उपदेशों में शून्यवाद और अज्ञेयवाद का आग्रह करना

बुद्धिमत्ता नहीं है, क्योंकि उनका अर्थ न केवल सम्भव है, किन्तु बुद्ध की कल्पना युग-प्रवृत्ति के अनुरूप है। निरपेक्ष और शाश्वत मंगल के अस्तिरूप अनुभव के बिना समस्त क्षण-भंगुर वस्तुओं और क्षणभंगुरतातृव मानव जीवन-सम्बन्धी बुद्ध का आधार रूप अनुभव सम्भव है। इस मंगलत्व की ही पृष्ठभूमि पर सापेक्ष और भंगुर की निस्सारता का अनुभव होता है। अगर बुद्ध ने इस निरपेक्ष सत्य का वर्णन करने से इन्कार कर दिया, अथवा उसके नेति-नेति वर्णन से सन्तोष किया, तो उसका यही अर्थ है कि वह परम सत्ता ज्ञान के परे है। इस चरम अस्तित्व को अद्वैत वेदान्त के ब्रह्म अथवा अर्ध-डायनोसियम की लेखनी द्वारा व्यक्त ईसाई रहस्यवाद के परमेश्वर से भिन्न नहीं किया जा सकता। निरपेक्ष सत्ता की इसी धारणा के आधार पर बुद्ध ने सांसारिक अनुभवों को तुच्छ ठहराया है, किन्तु कभी उसे व्यक्त नहीं किया, क्योंकि उसे तर्क द्वारा सिद्ध करना असम्भव है। चरम सत्ता का वर्णन करने में भारतीय मन का संकोच और हिचक उचित और स्वाभाविक है। उपनिषदें उसे तार्किक वर्णन या अपर्याप्त परिभाषा के बन्धन में बाँधने की चेष्टा नहीं करतीं। कुछ आचार्यों ने सूक्ष्मातिसूक्ष्म वर्णन की चेष्टा की है, किन्तु बुद्ध इसके सर्वथा प्रतिकूल उसके वर्णन का कोई आग्रह नहीं दिखाते, मानो अत्यन्त तीव्र प्रकाश में छाया की उपेक्षा की गई हो। बुद्ध के मौन का कारण स्पष्ट है। प्रथम तो मानव-इतिहास के किसी युग में, कहीं भी, कल्पनात्मकता जितनी निर्भीक, वाणी जितनी प्रखर, और धार्मिक अनुभव जितने अधिक और उच्छृंखल हो सकते हैं, उतने ईसापूर्व छठी शताब्दी के भारतवर्ष में थे। समाज न केवल अन्धविश्वास-पूर्ण था, किन्तु विद्वता भी वितंडावादी थी, और अज्ञानियों के अन्धविश्वास तथा ज्ञानियों के वितंडावाद में

फर्क करना असम्भव था। इस अव्यवस्था के वातावरण में बुद्ध ने मानव प्रकृति और अनुभवों के अध्ययन पर अधिक जोर दिया; और मात्र आप्त वाक्य के आधार पर कल्पनात्मकता और अन्धविश्वास को मानने का विरोध किया। आप्त वाक्य की सत्ता उसके मानवी तर्क और अन्तर्दृष्टि पर किए आग्रह पर निर्भर है। मानव-स्वभाव वहाँ तक उसे उचित ही स्वीकार करता है, जहाँ तक उसके सत्य या मल्य के इस रूप का स्पष्ट दर्शन अथवा अनुभव हो पाए। दूरदर्शिता, आदर या भयवश भले ही किन्हीं अवसरों पर आदेशों को स्वीकार कर लिया जाए, किन्तु यदि मात्र इन्हीं कारणोंवश ऐसा किया जाए, तो उनकी सच्ची सत्ता नहीं हुई। बुद्ध का आदेश था कि हममें इतना साहस, इतना निश्चय हो कि हम अपनी बुद्धि का उपयोग करके सिद्धान्तों पर ठहरने की अपेक्षा सत्य पर पहुँच सकें। फिर, हम सबको स्वयं ही अपनी व्यक्तिगत चेष्टा और बोध से सत्य की प्राप्ति करनी चाहिए। इसके लिए नैतिक सचेष्टता आवश्यक है। मत-मतान्तर-विषयक वाद-विवादों से व्यक्ति शीघ्र ज्ञानी हो जाता है, और सत्य-शोध में शान्तिपूर्वक संलग्न नहीं हो सकता। सत्य एक पवित्र प्राप्ति है, वाक्पटुओं का क्रीड़ा-कन्दुक नहीं। आत्मा के देश में अपने ज्ञानालोक के बिना देखना सम्भव नहीं है। तीसरी बात, बुद्ध का ध्येय मात्र बुद्धि-प्रधान लोक को जाग्रत् करने का नहीं था; वे सामान्य समाज को उच्च विचारों से पूर्ण करना भी चाहते थे। वे सामान्य जन-समुदाय को यह बताने के लिए उत्सुक थे कि धर्म-जीवन का राजमार्ग सदाचरण है। चौथी बात, आस्तिकवादी निरपेक्ष को सापेक्ष के निकट लाने के प्रयत्न से उसे सापेक्ष ही बना डालता है। वह ईश्वरीय अस्तित्व के प्रमाण प्रस्तुत करता है और ईश्वर की कल्पना दृश्य जगत् की

यथार्थता के रूप में करता है। वह आत्म-जगत् में दृश्य जगत् की यथार्थता ले जाता है। आस्तिकवादी और नास्तिकवादी तर्क उसे 'ईश्वर को', भौतिक दृष्टि से देखते हैं कि वह जगत् की एक वस्तु है, अस्तित्वपूर्ण है अथवा अस्तित्वहीन, सत् है या असत्। वे प्रभु को परमात्मा, अगम रहस्यमय के रूप में मानने से इन्कार करते हैं। ईश्वर को स्रष्टा, पिता, प्रेमी अथवा सखा मानना असीम आस्तिकवादी मत है, जो ईश्वर-रूप सत्य और उसके असीम संकेतों के भेद नहीं कर पाता। दिव्य का अस्तित्व निरपेक्ष है, वह स्वयंभू है और वह ऐसा भिन्न सत्य है जहाँ तक हमारी कल्पना और प्रकृति के तत्त्व पहुँच नहीं सकते; इसलिए बुद्ध ने ईश्वर की व्यक्तिगत समस्त कल्पनाओं का यह कह कर विरोध किया कि ये कल्पनाएँ सृष्टि की समस्त पूर्णता का अस्तित्व ईश्वर में मानकर श्रद्धा को कर्म की अपेक्षा अधिक प्रश्रय देती हैं। प्रार्थना व्यक्तिगत सम्बन्ध स्थापना और स्वार्थपूर्ण विनियम का रूप धारण करती है। वह सांसारिक इच्छाओं की पूर्ति माँगती है, और अहं की अग्नि प्रज्वलित करती है। इसके विपरीत, ध्यान आत्म-परिवर्तन है। यह उसका पुनर्निर्माण है, उसकी वासना और परम्परा और उसके सामाजिक उत्तराधिकार में क्रान्ति है। पाँचवीं बात, चरम सत्य का स्वरूप तर्कातीत है, और उसका तर्कगत वर्णन करना व्यर्थ है। इन सीमाओं के अंतर्गत बुद्ध ने निर्वाण और अन्तिम सत्य-स्वरूप को, जिसे उन्होंने धर्म की संज्ञा दी, प्रस्तुत किया। अपने नितान्त मौन और चरम सत्य के नकारात्मक वर्णन के लिए उपनिषदें उनके आधार थीं। वहाँ दृष्टि पहुँचती नहीं है, वाणी पहुँचती नहीं है और न मन पहुँचता है। हम न जानते हैं, न समझते हैं कि कैसे उसकी शिक्षा दी जाए।

मैं बुद्ध के कुछ विचारों की अपूर्णताएँ भी बतला दूँ। ये अभाव बाद के इतिहास और बौद्ध धर्म के हिन्दू धर्म के साथ सम्बन्ध में प्रकट हुए। 1. तत्त्वज्ञान मानव-मन की स्वाभाविक जरूरत है और स्वयं बुद्ध भी श्रोताओं को जीवन के अन्तिम प्रश्नों पर मत प्रकाशन करने से रोक न सके। गुरु के द्वारा निश्चित मार्ग-दर्शन के अभाव में बौद्ध धर्म के प्रारम्भिक काल में उसपर विभिन्न आध्यात्मिक विचार-प्रक्रियाओं का आरोप किया गया। 2. निरपेक्ष सत्य के रूप में बुद्ध की धर्म-विषयक कल्पना व्यावहारिक दृष्टि से पर्याप्त इन्द्रियगम्य नहीं थी। हम तिब्बतवासियों की भाँति चक्र-चिह्न के माध्यम से पूजा कर सकते हैं, किन्तु स्वयं चक्र-चिह्न की नहीं। कालान्तर में बुद्ध को देवत्व की मान्यता दी गई। 3. जहाँ ब्राह्मण गुरुओं ने संन्यासाश्रम की योजना उन्हीं के लिए की थी जो जीवन के अनुभवों में से गुजर चुके हैं, बुद्ध ने उपदेश दिया कि ब्रह्मचर्याश्रम और गृहस्थाश्रम की प्रारम्भिक स्थितियाँ आवश्यक नहीं हैं और किसी भी समय संसार के बंधनों से मुक्त होना सम्भव है। इन तीन अतिशयोक्तियों को स्पष्ट समझने के लिए हमें यह स्मरण रखना चाहिए कि बुद्ध के समय में आध्यात्मिक जीवन के तीन शत्रु—सगुण धर्मवादी, विधि-विधानवादी और जड़वादी थे।

गौतम बुद्ध में आध्यात्मिक भाव, उच्च प्रकार की नैतिक सामर्थ्य और योग्यतापूर्ण बौद्धिक संयम का सम्मिलित प्रभाव मिलता है। वे उन थोड़ी-सी विभूतियों में से हैं, जो मनुष्य की आत्मस्थित दिव्यता का बोध कराते हैं और आध्यात्मिक जीवन को उत्साहवर्धक और मोहक बनाते हैं, जिससे संसार-प्रवेश से हृदय में एक नया उत्साह और नया आनन्द जाग्रत होता है। जहाँ उनकी अलौकिक बुद्धि और प्रज्ञा ने उन्हें चरम सत्य का आकलन दिया, वहाँ उनके

प्रेमपूर्ण हृदय ने उन्हें पीड़ित मानवता के कष्ट-निवारण की ओर आकृष्ट किया। इस प्रकार उन्होंने उस महान व रहस्यवादी परम्परा का पालन किया कि सच्ची दिव्यात्माएँ भी मानव-सेवा में संलग्न रहती हैं। उनके व्यक्तित्व की महानता, उनकी ऋषिसम दृष्टि और पीड़ित मानवता के लिए उनकी प्रेम-उत्कटता ने उनके सहवासियों पर गहरा प्रभाव डाला, और उन किंवदन्तियों और चमत्कार-कथाओं को जन्म दिया जिनके द्वारा सामान्य मानवता सत्य की अभिव्यक्ति का प्रयास करती है। यहाँ अपने से बुद्ध की महानता घोषित करने का प्रयत्न, और इस प्रकार आत्मनियमन, प्रज्ञा और प्रेम की मूर्ति बुद्धि की मान्यता। पूर्ण बुद्ध, सर्वज्ञ और जगदुद्धारक के रूप में हो गई। जैसे-जैसे समय बीतता है, उनकी यथार्थ महानता अधिक स्पष्ट, अधिक तेजस्वी होती जाती है; यहाँ तक कि संशयवादी भी उनकी ओर गुणग्राहकता, अधिकाधिक श्रद्धा और पूजा के भाव से उन्मुख हो रहे हैं। बुद्ध मानवता की उन थोड़ी महानात्माओं में से हैं जिन्होंने हमारी जाति के इतिहास में तत्काल और समस्त कालों के लिए सन्देश देकर युग-परिवर्तन किया है।

□□□